跨境贸易的合规与救济案例剖析

林倩 等 / 著

ANALYSIS ON COMPLIANCE AND REMEDY
OF CROSS-BORDER TRADE

中国海关出版社有限公司

·北京·

图书在版编目（CIP）数据

跨境贸易的合规与救济案例剖析/林倩等著 . —北京：中国海关出版社有限公司，2021. 11
ISBN 978-7-5175-0535-8

Ⅰ.①跨…　Ⅱ.①林…　Ⅲ.①国际贸易—案例—研究　Ⅳ.①F74

中国版本图书馆 CIP 数据核字（2021）第 219342 号

跨境贸易的合规与救济案例剖析
KUAJING MAOYI DE HEGUI YU JIUJI ANLI POUXI

作　　　者：林　倩　等
策划编辑：史　娜
责任编辑：史　娜
出版发行：中国海关出版社有限公司
社　　　址：北京市朝阳区东四环南路甲 1 号　　　　邮政编码：100023
网　　　址：www. hgcbs. com. cn
编 辑 部：01065194242-7544（电话）
发 行 部：01065194221/4238/4246/5127（电话）
社办书店：01065195616（电话）
　　　　　https：//weidian. com. /？ userid＝319526934
印　　　刷：北京鑫益晖印刷有限公司　　　　　经　　　销：新华书店
开　　　本：710mm×1000mm　1/16
印　　　张：20　　　　　　　　　　　　　　　字　　　数：272 千字
版　　　次：2021 年 11 月第 1 版
印　　　次：2021 年 11 月第 1 次印刷
书　　　号：ISBN 978-7-5175-0535-8
定　　　价：68. 00 元

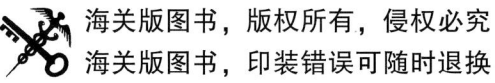

作者
简介

（按姓氏笔画排序）

马荣花 对外经济贸易大学法学硕士。北京德和衡律师事务所高级联席合伙人、律师。

刘 友 中国世界贸易组织研究会理事，北京德和衡（青岛）律师事务所律师。专注于海关法律事务，包括走私犯罪辩护、进出口纳税争议解决、进出口企业贸易合规及专项法律顾问等。

刘长新 中国刑事警察学院法学学士。北京德和衡律师事务所律师。

刘科科 北京大学法学学士、法学硕士。北京德和衡律师事务所高级联席合伙人、律师。

李华端 西南政法大学法律硕士，北京德和衡律师事务所合伙人、律师。

张 研　北京德和衡律师事务所律师，专注于国际税收、转让定价领域。

林 倩　北京德和衡律师事务所高级合伙人，中国政法大学兼职教授，海关法律事务专业律师。从事走私犯罪辩护、海关纳税和行政处罚争议解决，以及贸易合规咨询等法律业务。

赵 晶　北京德和衡律师事务所高级联席合伙人、律师。专注于为进出口企业提供服务，包括进出口流程设计与合规管理、关务风险评估、应对海关稽查等。

祖家培　韩国汉阳大学工商管理硕士学位。北京德和衡律师事务所顾问。

特 别
支 持

胡文捷　毕业于对外经济贸易大学与瑞典乌普萨拉大学，北京德和衡律师事务所律师。从业以来专注于国际贸易与海关法律事务。

前言

　　科技创新是企业扩张的动力，合规管理是企业生存的保障。一路奔袭，攻城掠寨，豪情万丈，稍有不慎，违规经营，则前功尽弃。

　　跨境贸易企业，营商环境尤其复杂，不仅要面对国内市场监督、环境保护和金融税务等部门的监管压力，更要适应海关法律乃至境外法律的合规监管挑战。贸易合规的路上，有哪些"沟"？哪些"坑"？哪些"坎"？如何避免遇上这些沟沟坎坎？站在这些沟沟坎坎的边缘，如何沉着、合理、合法地处理和应对？这是每个跨境贸易企业都要认真考虑的事情，也是我们团队致力和研究的专业方向。

　　我们9位专业从事跨境贸易合规服务的律师、顾问组成团队，运用积累多年的跨境贸易法律服务经验，分别从企业信用管理、新型贸易监管、海关纳税争议、行政处罚案件、知识产权保护、"双反"贸易救济等方面，直击跨境贸易监管中的敏感区域和合规要点，分析了跨境贸易各领域的法律风险和应对方案，首次揭示跨境电商、出口管制、贸易摩擦和检验检疫等海关新监管领域的合规要点，触及特许权使用费、转让定价、商品归类等传统领域的深层次业务争议，全面展示中美贸易协议下的知识产权保护新政，以及"双反"贸易救济的程序要点和成功实证案例，大胆分析海关缉私和稽查领域违规违法案件的相关法律问题，并从独特的角度全面介绍了其他国家（地区）对中国企业的出口管制体系和合规对策等敏感问题。

本书最大的亮点是运用实证案例的法律分析方法，从各个角度为跨境贸易企业提出了合规要求，作出法律分析和风险提示，并且集中回答了企业与海关之间发生纳税争议和行政处罚争议的各种法律救济途径。本书内含近70个案例，绝大多数是各位专业律师、顾问亲自办理的实证案例，生动且具代表性。同时，文中采集了大量的可靠数据并用图表的方法说明问题，形象且具说服力。

本书凝聚了北京德和衡律师事务所海关法律事务团队9位专业律师、顾问的大量心血。它不仅是团队的专业写作成果，也是从业心得的总结。从策划到实施，团队成员一边收集素材、案例，一边理顺思路、编写提纲，再到组织内容、统一体例，多次反复地修改、提升，前前后后历时2年多时间。各章节具体编写情况如下：

第一章：祖家培；

第二章：刘友（第一节），赵晶（第二节），刘科科（第三节）；

第三章：林倩（第一节、第三节、第四节），张研、刘科科（第二节）；

第四章：刘友（第一节），刘长新（第二节），赵晶（第三节第一部分），林倩（第三节第二部分）；

第五章：林倩；

第六章：赵晶、刘科科；

第七章：马荣花；

第八章：李华端。

在这里，我代表9位作者向各位读者郑重表示，我们认真且专注于干专业的事情。

特别向胡文捷律师表示感谢，她负责本书出版全过程的协调服务，并且协助统稿，做了大量不可替代的工作。最后，向中国海关出版社有限公司对本书提供的帮助，表示由衷的感谢！文中观点若有不妥，敬请批评指正。

林倩

2021 年 8 月

目 录

第一章　AEO 认证企业的得与失

第二章　海关监管新业务的合规风险

第三章 进出口货物的纳税争议

第六章　知识产权的海关保护

第七章　反倾销反补贴的贸易救济

第八章　其他国家（地区）对中国企业的
出口管制及企业合规应对

AEO认证企业的得与失

AEO（Authorized Economic Operator）即经过认证的经营者。这一概念来自世界海关组织（WCO）通过的《全球贸易安全与便利标准框架》（*Framework of Standards to Secure and Facilitate Global Trade*，以下简称《标准框架》）。在《标准框架》中，"经过认证的经营者"的定义为"以任何一种方式参与货物国际流通，并被海关当局认定符合世界海关组织或相应供应链安全标准的一方，包括生产商、进口商、出口商、报关行、承运商、理货人、中间商、口岸和机场、货站经营者、综合经营者、仓储业经营者和分销商"。

2005 年，我国签署了《标准框架》。2008 年 4 月 1 日起施行的《中华人民共和国海关企业分类管理办法》（海关总署令第 170 号），对企业开始进行分类管理，标志着我国 AEO 制度初步建立。2014 年，海关总署发布了《中华人民共和国海关企业信用管理暂行办法》（海关总署令第 225 号，以下简称《企业信用管理暂行办法》），突出"信用"二字，以企业信用为依据进行分类管理，将企业分为高级认证、一般认证、一般信用、失信企业等 4 大信用等级，认证企业适用相应的通关便利措施，一般信用企业适用常规管理措施，失信企业适用严密监管措施。

2018 年 5 月 1 日，海关总署正式施行《中华人民共和国海关企业信用管理办法》（海关总署令第 237 号，以下简称《海关企业信用管理办法》），与配套实行的《海关认证企业标准》[①] 构成了 AEO 制度的基本框架。通过"1+N"的认证模式将认证标准分为"通用标准"和按照企业的行业类别及行业特点制定的"单项标准"，从而更有针对性地对不同类型企业进行认证评判。

2021 年 9 月 13 日，海关总署发布了《中华人民共和国海关注册登记和备

---

① 本书编撰时，《中华人民共和国海关注册登记和备案企业信用管理办法》（海关总署令第 251 号）配套实施的《海关认证企业标准》尚未发布，因此本书所述的认证标准为海关总署公告 2018 年第 177 号、海关总署公告 2019 年第 229 号、海关总署公告 2020 年第 137 号发布的《海关认证企业标准》。

案企业信用管理办法》（海关总署令第 251 号，以下简称《海关注册登记和备案企业信用管理办法》），自 2021 年 11 月 1 日起实施。该办法在《海关企业信用管理办法》基础上进行了调整及完善，将在海关注册登记和备案的企业划分为三大类，即高级认证企业、失信企业及高级认证企业和失信企业之外的其他企业（以下简称"常规管理企业"），海关对高级认证企业实施便利的管理措施，对失信企业实施严格的管理措施，对常规管理企业实施常规的管理措施。《海关注册登记和备案企业信用管理办法》增加了失信告知程序和相关的救济措施，充分保障相关程序的公正、透明，有利于企业主张自身合法权利；新增信用修复制度，使得海关企业信用管理体系更加完整。

自 2018 年《海关企业信用管理办法》发布，AEO 认证便成为业界热门话题，越来越多的企业开始关注 AEO 认证。一方面，从某种角度来说，AEO 企业是海关认定的"VIP"，通过国际互认等，可享受诸多便利化措施，提升企业市场竞争力；另一方面，由于认证标准的严格，认证通过率低，企业如果通过认证，将是企业实力的最好证明，可以提升品牌知名度及行业地位。

因此，很多企业"各显神通"，无论自身合规体系是否健全，都想镀上 AEO 的这层"金"。企业作为国际贸易流通主体，是 AEO 制度的参与者和适用者，但如果盲目地追求 AEO 认证，反而难以发挥 AEO 制度的效益，可能会适得其反。

那么，企业为什么要申请 AEO 认证？申请 AEO 认证最关键的是什么？所有的企业都适合申请 AEO 认证吗？

第一节　AEO 认证企业的"过人之处"

海关数据显示，截至 2020 年 7 月底，全国海关注册登记企业共 148 余万家，其中高级认证企业仅 3266 家，一般认证企业 25346 家，认证企业的数量可以说是"九牛一毛"，这足以体现其稀缺性和含金量。

海关按照诚信守法便利、失信违法惩戒原则，对不同信用等级的企业分别实施相应的管理措施，认证企业适用便利管理措施，失信企业适用严密监管措施（不同信用等级企业海关管理措施见表 1-1）。

表 1-1　不同信用等级企业海关管理措施比较①

管理措施	高级认证企业	常规管理企业	失信企业
平均查验率/出口原产地平均抽查比例	正常比率的 20%以下	正常比率	80%以上
通关效率	优先通关； 提前申报； 减少稽查、核查频次； AEO 互认通关便利措施； 优先向其他国家（地区）推荐农产品、食品等出口企业的注册； 贸易中断恢复后优先办理手续	正常通关	提高稽查、核查频次
担保	可申请免担保	常规担保	加工贸易全额担保
协调员	设立	不设立	不设立
其他	守信联合激励措施；		
海关其他管理措施	海关其他管理措施	海关其他管理措施	

高级认证企业适用 12 项便利管理措施。以查验率为例，2019 年高级认证企业进出口平均查验率为 0.57%，一般认证企业为 1.69%，一般信用企业为 2.44%，而失信企业的查验率高达 84.76%。低查验率提高了企业的通关时效，企业能够尽早提货，方便安排下一环节的仓储、物流、加工、销售等工作，有

---

① 《中华人民共和国海关注册登记和备案企业信用管理办法》（海关总署令第 251 号）第三十条、第三十一条。

利于增加企业经营活动的可控性和预测性，同时有效节约了企业的通关及物流成本。

除了通关方面体现的直观好处外，AEO 认证也会为企业带来商誉、信用、品牌溢价等隐性优势，使企业在商海大潮中脱颖而出。

一、AEO 高级认证企业到底有多"牛"

海关给予高级认证企业的优惠管理措施，包括降低查验率，优先通关；减少稽查、核查频次；保证金优惠政策；协调员制度等。目前，大部分在华的世界 500 强企业和国内各行业龙头企业已成为中国海关高级认证企业，一方面可以享受优惠便利措施，另一方面 AEO 认证可直接提升企业品牌溢价和知名度，彰显企业的实力和行业地位，使企业更受市场信任及欢迎，从而在国际及国内商务中获得更多订单。

案例 1

简要情况

某工艺品生产企业 2019 年 8 月通过了 AEO 认证，成为海关高级认证企业。2019 年 10 月，该工艺品生产企业参加了 2019 年秋季广交会，由于企业生产的工艺品外观精美，充满了中国传统特色，在广交会上备受外商青睐。一位来自澳大利亚的外商之前小批量订购过一些该工艺品生产企业的产品，在澳大利亚的销售反响很好，本次想大批量订购。但是，由于对该工艺品生产企业整体实力和管理情况还不甚了解，外商准备先安排对其进行实地考察，主要考察企业的整体运营情况、软硬件设施、财务状况等，综合判断该工艺品生产企业实力后，再考虑是否进行大宗采购。

在随后的交流中，该工艺品生产企业负责人提及企业已经取得了中国海关 AEO 高级认证证书，澳大利亚外商看到其证书后，决定不用实地考察，当场签下一份 100 万元①的大订单。并且澳大利亚外商表示，要和该工艺品生产企业建立长期合作关系。中国与澳大利亚已经签订了 AEO 互认，进口中国 AEO 高级认证企业的货物，在澳大利亚海关办理进口手续时方便、快捷。另外，该工艺品生产企业能通过 AEO 认证，代表企业本身合法合规、运营状况和信用状况良好，货物安全有保障，所以不需要再进行实地考察了。

该工艺品生产企业在成为海关高级认证企业两个月后，便体验到了 AEO 认证带来的优势和好处，顺利地获得了认证后的第一个大订单。

重点剖析

企业在寻找新客户、开拓新市场的时候，能够证明企业自身实力的资质证明对提升企业信任度会起到很大的帮助作用。就像招聘公司对应聘者设置岗位要求时，需要应聘者提供相应的学历证书、英语等级证书、各种职业资格证书一样，在面对一个完全陌生的应聘者时，其提供的证书可以最直观地体现其自身具备的素质和能力，为招聘公司提供客观参考。而对于进出口企业来说，AEO 高级认证证书作为一张含金量很高的证书，是企业体现其自身实力最好、最直观的证明。

AEO 认证不是由第三方认证机构进行认证工作，而是依据具有法律效力的法律法规及海关规章，由海关对企业的认证体系实施评定的

---

① "元"表示"元人民币"，"万元"表示"万元人民币"，下同。

活动，认证工作标准严格、认证过程规范。因此，企业取得 AEO 高级认证证书就像毕业生获得知名大学的毕业证书一样，体现了企业自身过硬的实力，帮助企业获得客户的信赖，从而斩获更多国内和国际业务订单。

风险提示

近年来，AEO 认证以"忽如一夜春风来，千树万树梨花开"之迅猛态势进入企业的视野中。一方面，AEO 认证成为企业"招揽"客户的"金字招牌"；另一方面，越来越多的企业也将 AEO 认证等级作为招标的重要标准。AEO 认证之所以能成为炙手可热的"金字招牌"，是因为其标准严格、规范，含金量很高。例如，《海关认证企业标准》中对 AEO 高级认证企业设置了 31 项要求，包括内部控制要求、财务状况要求、守法规范要求以及贸易安全要求（见图 1-1），涉及企业管理的各个方面。

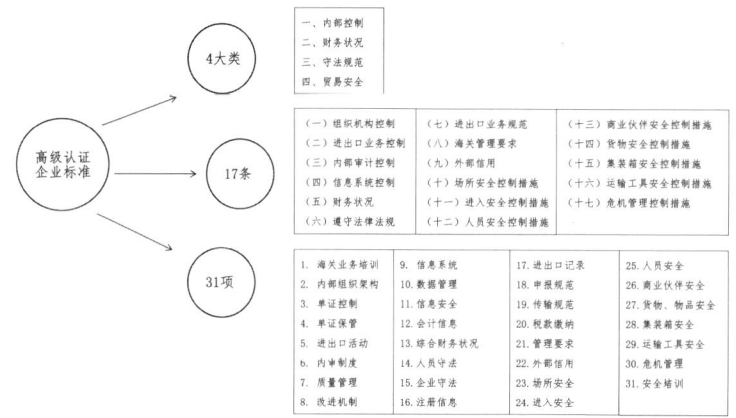

图 1-1　高级认证企业标准

通过 AEO 高级认证标准项目可以看出，认证企业需拥有完备的组织架构、良好的财务状况、齐全的软硬件设施、顺畅的业务操作流程，以及优秀的风险管控能力等。但是，这样完备的合规体系，不是一朝一夕可以建立起来的，在此，笔者建议，希望通过 AEO 认证的企业，在日常经营中认真进行自身"武装"，将企业贸易合规的"万里长城"铸就扎实之后再提出认证申请。

案例 2

简要情况

某半导体制造企业主要生产高端半导体核心零部件产品，海关信用等级为高级认证。该半导体制造企业经常需要暂时进口一些供安装、调试、检测、修理设备时使用的仪器以及测试用产品，上述货物为暂时进口货物，需要向海关提供关税、增值税等税款担保。企业每年缴纳的保证金近千万元，资金占用金额大、时间长，企业承受很大的资金压力。

2019 年，该半导体制造企业所在地的直属海关开展了海关高级认证企业免除担保试点。试点企业向海关申请免除担保，审核通过后，企业可凭"免担保政策试点保证函"办理特定海关业务。免除担保试点的业务范围就包含了暂时进出境货物，该半导体制造企业有幸被选为首批参与试点的高级认证企业。

该半导体制造企业参与免除税款担保试点以后，不需要缴纳保证金，凭借保证函就可以直接办理货物放行手续，免去了保证金审批时间，也避免了因缴纳保证金而带来的资金占用压力。在不到一年的时间里，这项政策帮助该半导体制造企业释放了 900 多万元保证金，极大地降低了时间、人力成本，盘活了企业的资金。

重点剖析

对于暂时进出口货物、进境修理货物等需要缴纳保证金的业务较多，或者保证金金额较大的企业来说，利用自有资金支付保证金，必然会增加企业的资金占用，给企业资金使用带来很大的负担。因此，为了优化营商环境，进一步提升跨境贸易便利化水平，本着企业信用分类管理的宗旨，多地海关开展了对高级认证企业免除担保的试点工作。据统计，2020 年上半年，仅北京海关就为企业办理免除税款担保通关放行手续 1887 票，共计 4.25 亿元。

免除担保减轻了企业相关财务成本，为企业带来的是真金白银的福利。事实上，成为 AEO 高级认证企业的"红利"不仅于此，颇受企业欢迎的另一项高级认证企业专属待遇就是"企业协调员"服务。海关组建了企业协调员专家团队，通过"中国海关信用管理"微信平台服务海关高级认证企业，进行政策、法律法规宣讲、海关业务咨询及问题处理、调查问卷和信用信息服务等。高级认证企业再也不会因为找不到海关联系方式，有问题无门可寻而苦恼了。

风险提示

除了案例中提到的免担保和协调员政策，海关对高级认证企业的查验率，稽查、核查频次也更低。高级认证企业还可以享受 AEO 互认通关便利措施等；适用国家税务总局、公安部、财政部、教育部等 40 个部门发布的联合激励措施，在海关、税务、金融、外汇等 30 多个重点领域都可享有便捷优惠，有助于大幅提升企业竞争力。

根据《海关企业信用管理办法》及其配套实施的相关规定，一般认证企业也可以适用一定的便利措施，而 2021 年发布的《海关注册登记和备案企业信用管理办法》取消了海关一般认证信用等级，使得之前的一般认证企业在海关便利措施方面丧失了优势，这无疑是给原一般认证企业"当头一棒"。但是原一般认证企业也无须过度担忧，首先，近年来随着我国优化营商环境措施的大大推进，以及社会信用体系的逐步完善，海关的监管方式从事前监管逐步转为事中、事后监管，这大大提升了企业的通关速度。其次，原有的高级认证标准和一般认证标准要求差异并不大，之前已经通过一般认证的企业，其自身已具备一定的合规管理水平，组织架构、软硬件方面也基本成型，可以通过改进和优化，达到高级认证企业的标准。《海关注册登记和备案企业信用管理办法》中还增加了海关信用培育服务，帮助和指导企业完善贸易合规体系，有助于提高企业认证的成功率。因此，笔者建议，原一般认证企业可以对自身管理和业务进行梳理整顿，尽可能地申请成为高级认证企业，从而享受更多的优惠便利措施，进一步提升企业的市场竞争力。

二、非认证企业与认证企业的差距在哪里

目前很多企业对 AEO 认证抱持着观望态度，一方面，AEO 高级认证对软硬件、人员岗位的要求可能会增加企业的成本，有些企业认为 AEO 高级认证带来的优惠措施所节省的成本，甚至违反海关法律法规的成本都小于成为 AEO 高级认证企业所付出的成本；另一方面，企业维持自身等级也没有感受到明显的不便之处。企业还未看到认证企业与非认证企业的差距。

2020 年，受疫情影响，我国进出口企业面临严峻形势。但是，以北京为例，2020 年 1 月至 6 月，AEO 认证企业（包括高级认证企业与原一般认证企业）进出口总值 1247.53 亿美元，在北京市进出口总值中占比高达 74.28%。正是因为海关对企业的分类管理，通过采取一系列帮扶措施，有力促进企业复工达产，AEO 认证企业才能在这场抗击疫情的"战役"中出色发挥，充分发挥了"头雁效应"，体现了认证企业与非认证企业的差距。

另外，认证企业和非认证企业的差距也不仅仅体现在海关的分类管理，更深层次地体现在企业自身对合规、信用的理解与认识，AEO 认证为企业带来的不仅仅是经济上的直观利益，还是企业商誉、信用的最有利证明。下文通过两个案例来分析高级认证企业到底强在哪里。

案例 3

简要情况

某电器制造公司的产品主要出口欧洲，公司于 2018 年申请 AEO 高级认证并通过认证。同年底，该电器制造公司主管外贸的副总携关务负责人、市场负责人等前往德国、法国、希腊、瑞士例行拜访客户。在与客户的交谈中提及公司已经成为中国海关 AEO 高级认证企业，

根据中国与欧盟的 AEO 互认协议，该电器制造公司出口至德国、法国、希腊的货物在当地海关可以享受优先通关、降低查验率等通关便利措施，有助于缩短订单周转期，促进终端市场销售。客户听后非常满意，纷纷表示要加强与该电器制造公司的战略合作，提高合作份额。并且，几个大客户还与该电器制造公司当场签署了多份追加订单。

该电器制造公司成为 AEO 高级认证企业后，出口至欧洲的货物，境外通关查验率降低 80%，境外通关速度提高 70%，境外通关物流成本降低了 50%。该电器制造公司成为 AEO 认证受惠大赢家。

重点剖析

根据《海关注册登记和备案企业信用管理办法》，高级认证企业可以享受 AEO 互认国家或者地区海关通关便利措施。我国与欧盟于 2015 年 11 月 1 日正式实施 AEO 互认，我国 AEO 高级认证企业出口的货物在欧盟成员国海关通关时，可以享受多项便利措施：减少查验或与监管有关的风险评估等手续；贸易安全伙伴身份认证；货物优先通关；贸易连续运行保障机制等。我国与瑞士于 2017 年 9 月 1 日正式实施 AEO 互认，我国 AEO 高级认证企业出口的货物在瑞士海关通关时，可以享受的便利措施：对于 AEO 高级认证企业的货物，将其资质作为有利因素纳入减少查验或监管的风险评估，并在其他相关安全管理措施中予以考虑；在对 AEO 高级认证企业的商业伙伴进行评估时，将已获 AEO 高级认证企业资质的商业伙伴视为安全的贸易伙伴；对

AEO 高级认证企业的货物给予优先对待、加速处理、快速放行；指定海关联络员，负责沟通解决 AEO 高级认证企业在通关中遇到的问题；对因安全警报级别提高、边境关闭、自然灾害、紧急情况或其他重大事故或不可抗力因素导致贸易中断，在贸易恢复后海关将给予 AEO 高级认证企业货物优先和快速通关的便利待遇。

截至 2021 年 5 月，中国海关已与 20 个经济体、45 个国家（地区）① 实现 AEO 互认，互认国家（地区）数量居全球首位。其中，在"一带一路"沿线 66 个国家（包括中国）中，已有 46 个国家建立了 AEO 制度，中国海关已经与除中国外的其中 19 个国家实现了 AEO 互认。据统计，中国与 AEO 互认国家和地区进出口总值已经超过中国进出口总值的 50%。中国海关还将加快推进 AEO 互认进程，尽快完成与"一带一路"沿线有制度且有意愿的国家的 AEO 互认合作工作，并且还将研究探索中国海关与东非 6 国、南美 4 国、欧亚经济联盟等区域 AEO 互认主体，帮助中国 AEO 高级认证企业在越来越多的国家和地区享受互认便利。

风险提示

我国 AEO 高级认证企业出口的产品，在 AEO 互认国家或地区的海关办理通关业务时，可以享受以信用管理为基础的差别化便利监管措施，这有助于压缩企业通关时间，最大限度地降低贸易成本，例如

---

① 英国于 2020 年 2 月 1 日脱欧，欧盟成员国数量从 28 个减为 27 个。自 2021 年 1 月 1 日脱欧过渡期结束起，英国已不适用《关于实施中国-欧盟海关"经认证的经营者（AEO）"互认的公告》（海关总署公告 2015 年第 52 号）内容。

优先清关、减少安全监管、减少其他与海关法规相关的货物或文件监管、查验事先通知、保持海关作业连续性等。因此，AEO 高级认证企业相当于获得了全球通行的"VIP"待遇，有助于获得更多的国际客户订单。

需要注意的是，境外收发货人为中国海关已互认国家（地区）海关 AEO 企业的，国内企业需要在水、空运货运舱单原始舱单数据项或预配舱单数据项的"收货人 AEO 企业编码""发货人 AEO 企业编码"栏目和中华人民共和国海关进（出）口货物报关单的"境外收发货人"栏目中填写境外收发货人的 AEO 企业编码。只有正确填写 AEO 企业编码，企业才能够及时享受到中国海关与其他国家（地区）海关 AEO 互认带来的通关便利措施。

案例 4

简要情况

某制造企业是某世界 500 强跨国集团公司在华投资设立的独立法人企业，主要从事某品牌手机生产。作为全球知名企业，其领导层非常重视公司的合规管理，该制造企业从设立以来一直为海关 AA 级企业，2015 年平移为高级认证企业后，2016 年通过了高级认证的重新认证。企业在日常生产经营中严格按照 AEO 标准管理，每年集团总部派员对该制造企业领导层及相关人员进行海关业务培训，对该制造企业的进出口业务进行内部审计等。该制造企业合规守法经营，一直是当地"明星"企业。但是由于中国手机等电子产品行业的崛起，以及劳动力成本上升等客观因素，该公司总部从 2018 年开始调整了在中国的产业部署，决定将手机制造整体转移至越南，所以陆续关闭了在中国投资建立的制造厂，该制造企业也被决议在 2019 年底进入清算程序。

2019 年正值该制造企业要进行 AEO 高级认证的重新认证，企业领导层在明知企业年底就要进入清算程序的情况下，仍然要求关务部门负责人认真对待 AEO 的重新认证工作，务必顺利通过。企业领导对关务负责人表示，企业关闭是因为市场等客观因素造成的，而并非因为企业自身的违法乱纪或者管理不善，企业即使关闭了，也仍然是守法合规的好企业。于是，该制造企业由高层领导授权，关务部门牵头，组织相关部门开展 AEO 重新认证准备，并且还聘请了第三方机构对认证工作进行辅导。最终，该制造企业在进入清算程序前拿到了重新认证通过通知书。

重点剖析

该制造企业所属的跨国集团公司之所以可以成为世界 500 强企业，与公司对合规的重视、对诚信的维护是密不可分的。集团公司除了自身为 AEO 高级认证企业外，其在华投资设立的公司，除了规模较小的研发企业外，其余全部为 AEO 高级认证企业。从这可以看出，企业的合规管理已经成为该集团公司管理理念的一部分，而 AEO 认证也直观地体现了该集团公司合规管理的成果，是该集团公司合规守信的反映。

风险提示

　　认证企业和非认证企业的差距除了体现在有形的利益优势外，更加体现在无形的商誉上。很多公司在申请 AEO 等认证时，首先会考虑"认证可以为公司带来的利益""申请认证的成本会不会很高"这些与公司直接利益相关的问题，而将合规、诚信意识渗透到公司文化中的企业，可能更多需要考虑的不是认证为公司带来的短期经济利益，而是认证带给公司信誉、形象、商誉、信用等方面的无形影响。为了认证而认证的企业可能仅仅是披上了 AEO 认证的外衣，对合规认识的内在修养还有待提升。对一个公司来说，树立合规意识是决定企业未来规模及发展的重要条件。

　　AEO 认证只是一个评判标准，使企业合规有序运营、提高竞争力、降低风险才是其真正的目的。通过以上案例，可以看出 AEO 高级认证的优势。企业如果想要享受 AEO 高级认证带来的好处，首先要建立健全的贸易合规体系，只有自身实力真正"牛"的企业才能获得这张真正"牛"的证书。2019 年下半年开始，国务院发布多个文件，大力推进信用体系的建设，要求各部门加强信用分级分类监管，根据企业信用等级制定差别化措施。由此，可以看出推进信用体系建设将是未来的发展趋势，在以信用为基础的新型监管机制下，AEO 认证企业与非认证企业的管理差距将会越来越大，企业为了长远发展，自身也需要建立内部的管理体系来配合国家监管的步伐。

第二节　申请 AEO 认证最关键要素

AEO 认证标准内容涉及企业生产经营的各个环节，标准要求详细、繁杂，很多企业面对 AEO 认证申请一头雾水。高层管理人员作为公司的决策层，对于 AEO 认证会考虑：AEO 认证的必要性到底是什么？申请的好处有什么？不申请的影响又是什么？为了取得认证，需要投入多少成本？公司员工是否有能力独立完成认证？等等。中层管理人员作为统筹安排 AEO 认证工作的责任人，更多需要考虑的是认证的具体准备工作可能遇到的困难，例如认证标准要求细碎，无从下手，毫无头绪；申请资料整理无序；企业人员各司其职，应对认证人手不足；制度建设不符合 AEO 认证标准，等等。

那么，AEO 认证准备的这一团"乱麻"中的那根线头是什么？企业如何找到 AEO 认证准备的最关键要素，并且顺藤摸瓜理顺认证全流程呢？下面通过以下案例，来看看取得 AEO 认证的几个关键要素。

一、AEO 高级认证是如何炼成的

由于 AEO 认证属于海关的企业信用管理制度，并且由海关人员对企业进行认证，所以大多数企业人员认为 AEO 认证只是关务部门的责任和工作。而关务部门的人员在日常工作中执行自身岗位职责的同时，也很难全面完成 AEO 认证工作。一些关务人员对认证标准理解不透彻，认为 AEO 认证就是写写制度，编编记录，凭借多年关务工作经验就可以通过。

事实上，AEO 认证可以被看作企业合规体系的一部分，认证标准不仅对进出口通关方面有诸多要求，还对组织结构、信息系统、财务状况、人员场所安全等方面进行了严格的规定，需要企业多个重要部门整体协作。另外，根据《海关认证企业标准》的要求，几乎全部标准都重在对制度的有效落实。

因此，可以看出，AEO 认证重视的是执行效果和真正防控风险的能力，企业如果不重视、不真正读懂 AEO 认证，仅凭一个关务部门的力量，凭十几年的关务工作经验，恐怕很难搭上 AEO 这辆"便利直通车"。

案例 5

简要情况

某世界 500 强企业在华总部主要从事电子产品进口贸易，2016 年通过海关认证成为 AEO 高级认证企业。该公司 2019 年重新认证时恰逢《海关企业信用管理办法》配套标准刚刚执行，无论从文件制度、执行记录、财务指标等标准要求，还是海关认证人员的检查尺度，都更加严格。该公司的关务总监从事关务工作 18 年，熟知海关法律法规，也深知 AEO 认证对公司的重要性，于是，在 2019 年初即书面将认证计划案上报给公司副总，建议由副总授权关务部门统筹协调各个关联部门进行 AEO 重新认证工作。得到副总的授权后，关务部门迅速召集关联部门组建了 AEO 认证小组，对小组成员进行培训，并且确定人员分工以及准备工作日程。由于公司副总对 AEO 认证工作进行了授权，并且高度重视，所以各个部门配合积极，认证准备工作进行得有条不紊。加之该公司作为全球知名企业，各个部门、各个业务环节合规管理到位，公司制度和工作记录等保存完整，因此，该公司顺利通过了 AEO 高级认证重新认证，并且得到了认证海关的肯定。

重点剖析

　　AEO 认证作为企业建立贸易合规体系的"标杆"，不仅对进出口通关方面有诸多要求，而且对组织结构、信息系统、财务状况、人员场所安全方面都进行了严格的规定，内审部门、质检部门、信息安全部门、电算部门、财务部门、人事部门、安保部门、物流部门、仓储部门、综合部门等所有与认证标准相关的部门都应配合 AEO 认证完善各自部门的管理，具体分工见图 1-2。

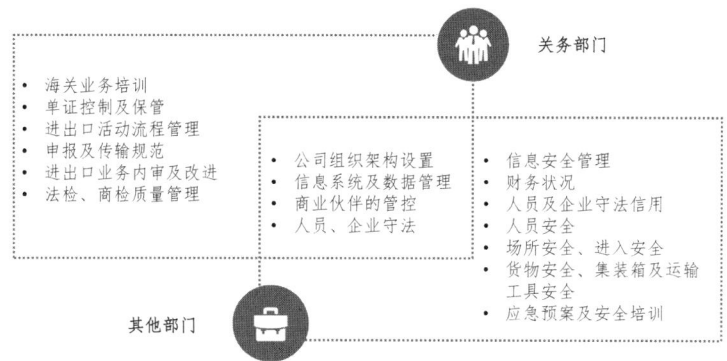

图 1-2　AEO 高级认证标准部门分工

　　在认证资料的收集过程中，常常会遇到部门间的沟通配合、组织协调等诸多问题。加之在很多公司中，关务部门的话语权不高，要求其他部门在本就繁忙的本职工作间隙，配合完成似乎和自身部门职责没有关系的海关认证工作，难易程度可想而知。所以，公司高级管理人员的重视和授权就显得尤为重要了，高层的重视、各部门积极的协作将对认证工作起到事半功倍的效果。

笔者认为在认证申请前进行以下几项工作非常必要。

授权：公司高级管理人员应首先充分认识到 AEO 认证的重要性，由其授权专门的部门及人员牵头进行 AEO 认证工作。

组织：被授权的 AEO 认证负责人员组建 AEO 认证小组，认证关联部门派人加入认证小组并全力配合认证工作。

培训：可通过内部培训和外部聘请的方式，由精通 AEO 认证工作的人员对 AEO 认证小组成员进行培训，使各部门了解其需要提供的材料和应配合的工作。

实施：由 AEO 认证牵头部门制定认证日程，收集认证资料进行整理、完善。组织认证小组成员进行模拟演练。

评估：AEO 认证牵头部门出具评估结果，确定符合认证要求，再向海关提出认证申请。

风险提示

AEO 认证标准的要求涉及公司多个重要部门及岗位，需要相关部门在制度制定、制度执行和执行效果方面都必须符合 AEO 认证标准的要求。因此，相关部门对 AEO 认证要求的理解、执行，以及对 AEO 认证工作的重视和配合是公司取得 AEO 认证的关键要素。

同时，相关部门和岗位人员可以通过认证标准的要求明确地了解贸易合规对本部门、本岗位的具体要求。相关部门按照标准进行管理，可以有效地提升企业各部门的管理效能，防范管理风险，提升合规管理水平。

案例 6

简要情况

某制造企业原为海关 AA 类企业，2014 年底《企业信用管理暂行办法》出台后，该制造企业由原 AA 类企业平移为高级认证企业。2019 年，该制造企业接到海关通知需要进行 AEO 重新认证工作。公司领导安排关务部门全权负责，并指派了一名行政秘书协助关务部门准备制度、流程等文件资料。由于关务部门的日常工作主要是公司进出口业务的具体操作，对 AEO 认证要求并不了解，关务负责人从某辅导机构购买了标准要求的各项规范制度的统一模板，由关务部门人员和行政秘书对照标准要求套用规范制度模板，将该制造企业各项规章制度进行修改、完善，递交认证海关。认证海关随后对该制造企业开展实地认证工作，通过对员工和高层领导的访谈，海关认证人员发现该制造企业日常管理和业务操作有很多与制度不相符的情况。例如，高层人员并没有接受过海关业务培训；进出口单证没有单证复核人员；安保人员没有对出厂区的车辆进行检查等。由于 AEO 认证不通过没有规范改进机会，海关认证人员直接给予该制造企业重新认证不通过，下调了企业信用等级。该制造企业降级后至少 1 年内不能再次申请成为高级认证企业。

重点剖析

海关认证工作主要分为资料收集、实地认证两项内容。很多企业满腔热情地打算申请 AEO 认证，但看到数十条繁杂、细致的标准要求后就心生退意了，而资料准备还只是"万里长征的第一步"。海关对认证企业的评判标准：制度文件完备可操作，执行记录完整清晰，执行效果现场检验良好。因此，企业即便下定决心，迈开认证准备的"第一步"，倾注大量人力、物力准备了完美的制度文件，也未必能达到AEO认证的"终点"。AEO认证的目的不是让企业出一本制度汇编，而是要求企业贸易合规，降低贸易安全风险。相对于制度、流程，海关更看重的是企业日常工作对制度、流程的落实情况。

因此，很多企业在实地认证这个环节纷纷"落马"，海关实地认证包含的主要工作内容：

1. 对企业的各项管理制度、工作记录等资料进行审查。

2. 对企业场所、货物存储、各出入口、视频监控、机房等位置进行检查。

3. 与企业相关人员进行座谈，验证企业各项制度的落实执行情况。

根据企业具体情况，实地认证时间一般为半天到一天时间，大型生产企业实地认证也有两到三天的情况。如果企业设有异地仓库，认证人员还将对异地仓库进行实地检查。

风险提示

海关实地认证主要检查企业真实的工作情况，检查各项管理制度是否被有效落实。一些企业为了通过认证，将企业制度及工作记录等资料准备得非常"完美"，但是在实际工作中并没有真正执行，海关在实地认证中通过对视频监控调取查看，或者对现场工作人员具体询问等，可以很快发现企业做的是"表面功夫"。

笔者建议，企业制定的流程制度，不仅要达到认证要求，还要符合企业自身情况，具有实操性，并且在日常工作中严格执行，将合规要求贯彻到每个工作环节中。针对海关实地认证，笔者有以下几项具体建议。

制度准备：将实地认证时交予海关审查的认证资料按照标准顺序有序摆放，如果一项制度中涵盖多项标准要求，可以将重点内容进行标注，方便海关人员查看。

座谈准备：建议至少一名副总级别以上的高级管理人员出席，与标准相关的各个部门及岗位人员也应出席，回答海关根据认证标准提出的问题。

场所准备：实地认证时企业工作有序进行，监控室、档案室、出入口、机房、仓库等海关重点检查场所由岗位负责人员值守，并如实回答海关认证人员提出的问题。

更重要的是，企业在日常工作中不要有所怠慢，存在侥幸心理。在此，笔者提醒一些为了通过认证而临时制定和完善制度的企业，如果实际工作中没有按照海关要求执行，即使制度很"完美"，也难逃过海关认证人员的"火眼金睛"。

二、认证准备切勿"轻敌"

企业为了提高市场竞争力，会选择开展各式各样的认证工作，手握大把证书从而在投标中脱颖而出。因此，有些企业认为公司各种制度、流程齐全，员工应对认证审查经验丰富，凭借自身在认证工作中摸爬滚打多年的经验，通过AEO认证也不在话下。但此认证非彼认证，AEO认证是由海关关员亲自审查，要求严格，针对性强，而为其他认证准备的制度、流程、报告等资料可能并不完全符合 AEO 认证的要求，原封不动照搬其他认证的经验会掉入轻敌的"大坑"，企业可能会因此劳民伤财、得不偿失。

案例 7

简要情况

某生产企业于 2018 年通过了 ISO28000 认证。领导层认为 ISO28000 认证内容与 AEO 认证有相似之处，既然企业已经通过了 ISO28000 认证，那么通过 AEO 认证问题也不大，于是向海关提出了 AEO 认证的申请。企业安排关务部门牵头开展认证准备工作，其他相关部门进行配合。相关部门的负责员工参加过 ISO28000 认证，就套用了当时的经验，提供 ISO 认证时提交过的制度、流程等。关务部门的负责人员虽然有 10 年的关务工作经验，但是对 AEO 制度及标准理解得并不透彻，将各部门提供的资料收集、整理后提交给了认证海关。最终，该生产企业没有凭借套用的 ISO 认证资料通过 AEO 认证。

重点剖析

很多已经通过了 ISO 认证、反恐认证的企业，认为借用已有的其他认证资料就可通过 AEO 认证。

但 AEO 认证是依据海关总署发布的行政法规和部门规章执行，由海关关员对照认证标准进行审查。ISO 等其他认证时提交的资料，一方面不能涵盖 AEO 认证要求的制度和工作记录，另一方面符合其他认证要求的资料可能达不到 AEO 认证标准，例如，AEO 认证在内审方面的要求就更有针对性、更为严格。同时，AEO 认证要求企业制度必须符合企业自身经营情况，更加注重企业实际操作对制度的有效落实。认证海关不仅会审查企业提供的文件资料，还会组织认证人员对企业进行实地检查，检查企业在日常工作中是否按照制度执行，执行效果如何。

另外，AEO 认证并不像 ISO 认证可以进行规范改进。企业向海关递交认证申请后，申请当时的企业合规管理状态将会被"固定"，海关仅根据申请时的现状作出评判，如果有扣分项，将直接影响认证结果。因此，企业的管理者，切勿掉以轻心，在申请认证或重新认证前，一定要切实对照认定标准逐条进行自我评估，认真准备申请资料，争取一次通过认证。一旦存在未达标项，可能直接导致此后一年内都不能再次申请认证。

风险提示

企业为了提高整体质量管理水平和市场竞争力，又或者是为了满足供应商的标准要求，通常会开展各式各样的认证工作，其中较为常见的有 ISO 认证、反恐认证等。在这些认证中，国内最早开始进行的就是 ISO 认证，但是和海关 AEO 认证相比，ISO 认证本身既无强制性也无法律地位，并且是由第三方体系认证机构进行审查，因此，通过门槛较低，后续监管力度也不强。而 AEO 认证是依据具有法律效力的法律法规及海关规章，由海关对企业的认证体系实施评定的活动，对合格企业颁发认证企业证书，认证企业适用法律规定赋予的激励措施。其要求严格，认证时间长，通过率低。

AEO 认证、ISO 认证及反恐认证等都是建立和检测企业合规体系的评判标准，企业如果是为了合规而开展认证工作，那么任何一个认证都是受到鼓励的。但是，企业生搬硬套 ISO 认证或其他认证的经验与资料，恐怕会因为"乱用药"而导致海关 AEO 认证失败。每个认证的认证内容、认证要求、评判标准、评判方式等都不尽相同，使用其他认证经验对待海关 AEO 认证，恐怕不能如企业所愿，因此提醒企业要"对症下药"。

通过以上案例，可以看出想要取得 AEO 认证证书并没有那么简单，企业必须要经过千锤百炼才能取得"真经"。而这其中，领导层的重视和对 AEO 认证的理解，以及各部门之间的配合意识将是"取经"路上的"金箍棒"，可以帮助企业"斩妖除魔"，顺利通过认证，修成正果。

第三节　所有企业都适合申请 AEO 认证吗

当前趋势下，AEO 认证已开始逐渐成为企业发展壮大的"标配"。很多全球知名企业除了自身是海关高级认证企业，还要求其供应商，甚至下游客户同样具备海关认证资格。如 IKEA（宜家）要求其中国境内各供应商在 2020 年 8 月 31 日前完成 ISO28000 认证或通过 AEO 认证，对于其供应商来说，取得认证成为持续获得订单的基本保障。

AEO证书在企业眼里"闪闪发光"，拥有这一纸证书，就会拥有更多的商机、更多的客户。因此，很多企业蜂拥而上，均想成为认证企业的一分子，那么什么样的企业才真正迫切地需要成为认证企业？什么样的企业离认证还有一段距离，暂时不适合申请认证呢？

一、非认证企业的劣势

目前，很多进出口公司在筛选代理报关供应商及国际物流供应商时，也将海关信用认证等级作为第一重要指标。一方面，AEO认证可以证明供应商本身是经过严格检查和认定并符合贸易安全标准的企业；另一方面，供应商为高级认证企业，企业自身可以免于对供应商执行认证标准中"商业伙伴安全"的要求。因此，报关企业和国际物流运输企业为了获得更多的大客户订单，需要提高自身合规水平，成为海关AEO高级认证企业。

案例 8

简要情况

某物流公司为国内某知名物流集团的独立法人公司，该物流公司自身为AEO高级认证企业，为客户提供代理报关及物流服务。2019年，集团为了开展跨境电商业务，将该物流公司业务与某跨境电商企业（非认证企业）进行了吸收合并，并注销了该物流公司，如图1-3所示。

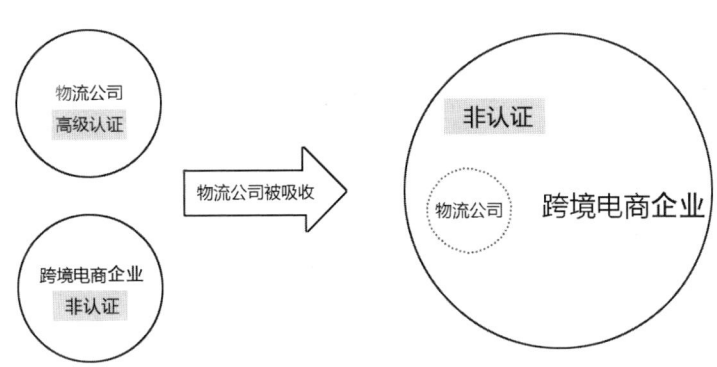

图 1-3　合并示意图

此次吸收合并的主要目的为借助该跨境电商企业的企业性质发展跨境电商业务，因此合并后该物流公司的组织架构、规章制度、软硬件设施等基本保持不变。但是由于合并后续工作繁杂，该物流公司被合并后无暇顾及 AEO 认证申请事宜，原有组织以该跨境电商企业的名义继续为客户提供服务。此时，该物流公司原有大客户某跨国公司为了降低报关业务成本，决定将其使用的多家报关企业进行统合和重新筛选，在其制定的报关业务供应商筛选标准中，将海关信用认证等级作为第一重要指标，占比 20%。由于该物流公司被吸收合并后信用等级变为非认证企业，导致其失去了该跨国公司的供应商资格，一年损失近百万元。

重点剖析

《海关注册登记和备案企业信用管理办法》第三十三条第三款规定，企业发生吸收合并的，存续企业适用原企业信用状况的认证或者认定结果。也就是说，吸收合并中，合并后 AEO 信用状况沿用吸收方的信用等级。因此，该物流公司被跨境电商企业吸收合并后，企业主体注销，合并后的企业信用等级适用存续企业该跨境电商企业的信用等级。

虽然《海关注册登记和备案企业信用管理办法》未对商业伙伴的海关信用等级做出强制要求。但是，《海关认证企业标准》（"进出口收发货人"及"报关企业"单项标准）在"商业伙伴安全"方面规定："商业伙伴系海关认证企业的，企业可以免于对该商业伙伴执行本项标准。"《海关认证企业标准》（"进出口收发货人"高级认证标准）中要求，高级认证企业应根据认证标准对商业伙伴进行全面筛选评估；在合同、协议等书面文件中要求商业伙伴按照认证标准优化和完善贸易安全管理，并定期监控检查商业伙伴遵守贸易安全要求的情况。也就是说，如果商业伙伴为认证企业，企业自身可以免于对该商业伙伴执行上述单项标准中"商业伙伴安全"的要求，从而简化了企业对商业伙伴监督检查的工作流程。因此，很多自身已经通过 AEO 认证的企业也将 AEO 认证作为评价供应商的重要指标。

风险提示

通过《海关认证企业标准》（"进出口收发货人"及"报关企业"单项标准）中对"商业伙伴安全"项要求的设置可以看出，海关制定此项认证标准的初衷是鼓励进出口货物供应链上的商业伙伴均能提升自身合规管理、成为认证企业，从而降低供应链上的贸易安全风险。

将 AEO 认证作为评价供应商的重要标准，可以免于对供应商执行认证标准中"商业伙伴安全"的要求，更重要的是，AEO 认证的高含金量可以非常客观、真实地反映供应商的实力。因此，为了提升市场竞争力，获得更多的客户订单，同时也为了树立企业自身的信用形象，报关企业、国际物流运输企业等提供外贸服务的企业准备 AEO 认证刻不容缓。

此外，在企业并购过程中，海关相关事务应是被关注的要点之一。针对并购方与被并购方海关信用等级不一致的情况，笔者给予以下建议：

1. 并购方信用等级高，被并购方信用等级低。

（1）并购前，应对被并购方进出口业务合规性进行尽职调查，获取其是否存在正在进行的海关稽查、行政处罚调查等情况，并评估该等事项是否存在导致企业信用等级下降的风险。

（2）并购后，尽快开展对被并购方原进出口活动的内审和 AEO 符合性内审，评估被并购方过往经营操作中是否存在违规隐患及是否符合 AEO 认证各项标准。如果存在问题，则迅速推进改进，同时，需要关注被并购方历史业务的档案梳理和保存工作。

（3）必要时，重新整理进出口流程和制度，并加强对相关从业人员的培训。

2. 并购方信用等级低，被并购方信用等级高。

被并购方原有业务可能会因主体变更、信用等级下降而流失客户，并因优惠措施减少而降低通关时效。此时笔者的建议是，并购方应充分利用被并购方较好的管理基础，在并购后立即开展升级认证准备，并尽快提起升级申请。

二、小微企业与 AEO 认证尚有距离

企业在申请 AEO 认证前，应该客观考虑自身情况。AEO 高级认证涉及 31 项标准要求，并且在软件系统、硬件设施、财务指标、组织架构方面都设有硬性要求。加之认证工作是由海关评定，评定严格、客观，因此，并不是企业有意成为认证企业，花一些"认证费用"，找一些"熟人"就可以通过认证。

案例 9

简要情况

某贸易公司为韩国企业设立在青岛的一家小型公司，主要业务为从韩国母公司进口化妆品、食品、杂货等商品在国内进行销售，母公司负责代理产品的选择、接洽及宣传等工作。该贸易公司规模 20 人左右，主要部门有财务、营业（采购）、网络运营、设计、物流、总务、人事等，其中物流部门有 4 名员工，主要负责对接报关公司、国内物流公司及仓储公司。自 2018 年开始，韩国母公司加大对中国市场的开拓，通过增加代理其他韩国品牌化妆品的中国销售，扩充中国代理商数量等业务模式，采取包括网络直播在内的多种宣传手段，使中国销售额大幅度提高，进口量也大大增加。因此，母公司计划扩充该贸易公司的规模，进一步发展在中国的业务，要求该贸易公司各部门提交公司规模扩大后的运营发展计划。物流部门计划通过 AEO 认证降低通关时间及通关成本，向笔者咨询目前公司的状况是否适合申请 AEO 认证。

笔者根据该贸易公司目前的状况评估分析后，认为其组织架构、

软硬件设施及财务状况等诸多方面不符合 AEO 认证标准要求，建议其暂时不要进行 AEO 认证的申请。由于该贸易公司有扩大公司规模的意向，因此，笔者根据 AEO 认证标准为其出具了发展建议报告，建议该贸易公司相关部门按照发展建议建设软硬件设施、完善组织架构，并且制定相关制度，根据制度进行日常操作。待公司发展成熟并符合 AEO 认证标准要求后，再进行 AEO 认证的申请。

重点剖析

现行法律法规对申请 AEO 认证的企业规模并没有设置明确限制，理论上，在海关注册登记和备案的企业均可以申请 AEO 认证。但是根据《海关认证企业标准》对认证企业的要求，高级认证企业在 31 项标准对应的工作内容上均应设置具体部门（岗位）及明确岗位职责。该贸易公司目前规模过小，员工人数过少，即使认证标准中要求的岗位都进行了设置，那么也会出现一人身兼数职的情况，无法将每项职责都进行到位，也不能保障公司的稳健运营。

另外，认证标准中对企业的硬件、软件、财务指标等都进行了硬性要求。该贸易公司经营管理方式为员工通过 Excel 表格等 Office 办公软件进行统计和记录，财务使用独立的财务软件进行记账、核算等工作，整体经营管理未通过系统完成，不符合 AEO 标准中对信息系统的基本要求。另外，该贸易公司工作场所未安装监控设备，存在一定的安全隐患，在硬件设施方面也不符合 AEO 标准要求。

也就是说，该贸易公司有资格申请 AEO 认证，但是限于目前企业规模过小、软硬件等硬性要求均未达标的情况，申请 AEO 认证，肯定无法通过。该贸易公司应按照 AEO 标准完善后再考虑申请成为认证企业。

风险提示

目前，一些家族型小微企业还采用手工记账方式，对进出口相关资料也未建立相应的归档制度，内控制度很不完善。限于小微企业这些客观条件，可能并不适合立即进行 AEO 认证的申请。

但是，小微企业为了提高合规管理水平和市场竞争力，具备申请 AEO 认证的意识是一件很值得"点赞"的事情，合规意识是保证企业发展壮大的前提条件。小微企业如果有发展壮大的计划，可以将贸易合规和进出口风险管理提升到公司战略层面，以 AEO 认证要求作为企业贸易合规体系建立的规范标准，进行业务梳理。下面列举几方面改进内容。

制度建立：逐步制定和完善各个环节的管理制度、操作流程、业务规范等。

岗位设置：随着对员工的引入扩充，设置对应的岗位并明确职责分工。

软硬件改造：逐步淘汰一些不符合 AEO 认证标准的软硬件设施和管理设备。例如，更换符合标准的运输工具，建立企业信息化系统、淘汰落后的手工记账方式，完善电子信息的保管等。

内控管理：加强员工整体素质培训及相关业务培训，周期性进行内审工作，发现问题及时改进。

目前，还有很多中小企业对 AEO 认证持排斥态度，认为在国际贸易供应链中对 AEO 认证需求较大的是一些竞争力强的大型企业。对于中小企业来说，通过 AEO 认证需要投入很大的资金成本及人力成本。但是，从长远发展的角度来看，不合规、不守法、不规范的企业不会发展壮大，只会被良好、有序的市场环境所淘汰。

第四节　引发企业失信的情况

海关信用管理对信用高、风险低的企业给予鼓励措施的同时，势必也将对信用低、风险高的企业进行惩戒措施。《海关注册登记和备案企业信用管理办法》中规定了对失信企业的 4 项管理措施，包括进出口货物查验率在 80% 以上；经营加工贸易业务的，全额提供担保；提高对企业稽查、核查频次；海关总署规定的其他管理措施。可以看出，企业一旦降为海关失信企业，通关的时间成本及费用成本都将增加，严重影响企业的进出口操作。

此外，海关失信企业不只是进出口业务"受阻"，2017 年，国家发展和改革委员会（以下简称"国家发展改革委"）、海关总署等 33 个部门联合出台《关于对海关失信企业实施联合惩戒的合作备忘录》，对海关失信企业及其法定代表人等高级管理人员提出 39 项惩戒措施，在税务、财务、外汇、金融等各个方面失信企业都将"寸步难行"。

一、引发企业失信的"陷阱"有哪些

在当今信用体系逐渐健全的社会大环境下，海关信用管理就如同进出口企业的"芝麻信用"，企业的很多行为都将受到自身信用影响，一旦成为失信企业，甚至可能面临倒闭的局面。通过以下案例，来看看哪些不经意的行为可能导致企业降为失信企业。

案例 10

简要情况

某从事电子产品进口的外资贸易企业，海关信用等级为高级认证。该外资企业所属集团出于对控制生产成本等因素的考虑，于 2017 年在 Y 国开设了新工厂，并要求集团内企业自 2018 年开始从 Y 国工厂采购产品。Y 国工厂之初，与集团内各关联企业的对接流程及员工培训等方面不够完善，导致经常出现发货错误的情况。该外资企业自 2018 年开始，由于 Y 国工厂发货错误而进行直接退运的频率增加，并且存在多次被口岸海关在查验时发现申报错误的情况，由于该外资企业进口的电子产品大多数为零关税产品，因此不涉及税款补交，仅被处罚较少的罚金。

该外资企业本应于 2019 年才进行重新认证工作。但是，2018 年 6 月该外资企业接到了主管海关对其进行了重新认证的通知，由于此次重新认证比较突然，该外资企业没有做好认证准备，导致在重新认证过程中，海关发现其在进出口流程、单证控制、改进机制等诸多方面均不符合高级认证标准，重新认证后下调了该外资企业信用等级。

重点剖析

根据《海关注册登记和备案企业信用管理办法》第十九条的规定，海关对高级认证企业每 5 年复核一次。企业信用状况发生异常情况的，海关可以不定期开展复核。也就是说，针对高级认证企业，海关每 5 年要进行复核，其间如果企业有涉嫌违法情事或海关认为企业存在管理漏洞等异常情况时，也可能会触发海关复核程序。因此，虽然该外资企业还没有到复核期，但是因为其突然出现的频繁退运和被小额处罚的情况，说明其内控方面可能出现了问题，海关遂对其实施了复核程序。

风险提示

《海关认证企业标准》对企业守法规范提出了"硬标准"，不符合标准即会被调整信用等级。最近几年笔者协助处理的行政处罚案件中，企业的诉求不仅限于减少罚款，而且还希望处罚金额低于"降级"标准，这些案件的处理难度是相当大的。即便行政处罚金额和次数没有达到认证标准要求，也并不意味企业就一定"安全"。如果海关认为企业违法行为的发生可能与企业内部管理不善有关，即企业可能存在不符合 AEO 认证标准要求的情形，则海关随时可能对企业开展复核。复核将按照《海关认证企业标准》全部要求进行审查，如果印证海关的推测，则企业存在被降级的可能。

比如，案例中提到的情况表示企业在守法规范方面存在管理问题，会对企业信用产生一定的影响，因此海关对其进行了复核。另外，如果企业因同一原因被处罚 2 次以上，则表明企业相关业务流程可能存在不合理、不规范的情况，至少说明企业的改进机制存在疏漏，致使同一错误反复发生，不排除企业因其内部控制方面存在隐患而影响企业信用管理评定的可能性。

因此，建议企业不要忽视日常业务中的"小"问题，发现问题应尽快查找原因，追责改进。另外，企业要加强对报关行和货代等商业伙伴的监督管理，避免因商业伙伴的过失造成本企业受到处罚甚至影响海关信用等级。

案例 11

简要情况

某化工企业从事化工产品的生产及出口，海关信用等级为高级认证。2018 年，监管部门在例行的执法监督检查中发现，该化工企业在未经许可的情况下，擅自储存了大量危险化学品，因此该化工企业被安全监管部门纳入了安全生产失信联合惩戒"黑名单"。随后不久，该化工企业接到了其主管海关的约谈通知。主管海关询问了该化工企业违反安全生产的具体情况，并责令其限期整改，如果逾期仍未被移出"黑名单"，海关将对其进出口货物实施严密监管，并下调海关企业信用等级。

重点剖析

根据国家安全生产监督管理总局、国家发展改革委、人民银行、海关总署等 18 个部门联合发布的《关于对安全生产领域失信生产经营单位及其有关人员开展联合惩戒的合作备忘录》（发改财金〔2016〕1001 号），企业一旦被认定为安全生产领域的失信企业，则将作为联合惩戒对象被各部门实施惩戒措施。该合作备忘录规定，海关总署对安全生产领域失信企业的惩戒措施为对存在失信行为的生产经营单位进出口货物实施严密监管，在办理通关业务时，加强单证审核或布控查验，并且限制其成为海关认证企业。存在失信行为的生产经营单位申请使用海关认证企业管理的，海关不予通过认证；已经成为认证企业的，按照规定下调企业信用等级。

在"一处失信，处处受限"的联合惩戒机制下，企业发生失信行为，被列入主管部门的"黑名单"后，不仅会受到该部门的惩戒措施，还将会在很多领域受到限制。

风险提示

根据《海关认证企业标准》中"外部信用"的要求，高级认证企业和企业相关人员 2 年内均未被列入国家失信联合惩戒名单。

根据联合惩戒机制，参与联合惩戒的各个部门会定期通过全国信用信息共享平台（失信联合惩戒系统）提供各自的失信企业信息。合作的各部门将获取其他部门失信企业信息，依照有关法律、法规、规章及规范性文件的规定，对联合惩戒对象采取相应的惩戒措施。

因此，海关会定期根据合作的其他部门提供的企业信用信息，经审慎甄别，对查实存在外部失信行为的海关认证企业实施信用等级下调措施。并对在其他部门存在监管风险的企业，通过设置联合防控措施等手段，加强对相关领域的协同监管。

笔者建议，海关认证企业在日常经营管理中，不要仅仅只是按照海关认证标准机械地制定规章制度和工作记录，更应该充分认识到AEO认证是企业合规体系的一部分，企业只有建立完整的合规体系并有效管理落实，才能保证企业健康有序发展。

二、认证面前无小事

一些企业认为只要没有走私、欠税等重大违法行为，就不会跟海关失信企业沾边，因此往往只关注稽查、核查、缉私等"大事件"，认为受到行政处罚才是对企业的大影响。事实上，由于忽视了备案信息变更等"小事"造成信用等级被下调的情况也比比皆是。认证面前无小事，切勿"小河沟里翻船"。

案例 12

简要情况

某小型贸易公司由于市场环境等客观因素，公司业务量缩水，领导层做出了"节流"计划，要求各部门进行人员优化，裁员10%～20%，另外将公司营业场所搬到了租金更加低廉的写字楼。在人员优化整顿中，物流部门负责进出口业务的张某被列入公司人员优化名单。虽然该贸易公司负责进出口业务的岗位人员不止张某 1 人，但是张某日常负责该贸易公司海关信息的登记、变更，海关备案系统中的联系人也是张某，张某离职后，同部门的同事分担了张某的工作，业务量增加，无暇顾及海关备案信息变更。进出口部门负责人也并不了解需要变更公司信息的要求，导致在公司节流整顿实施后，该贸易公司在海关备案系统内的联系人信息及办公场所信息一直未作更新。海关因无法通过登记的住所及登记的联系人联系到该贸易公司，将该公司列入了信用信息异常名录。由于企业信息联网共享，税务部门向该贸易公司财务人员询问情况，该公司才知道自己已经被海关列入了异常名录，即将被降为失信企业。

重点剖析

根据《海关认证企业标准》中"企业守法"的要求，高级认证企业如果 1 年内被海关列入信用信息异常企业名录超过 1 次，或者虽然未超过 1 次但被列入异常名录时间超过 30 日，企业信用等级将被下调。

也就是说，企业被列入海关信用信息异常企业名录，并且没有及时（列入时间超过 30 日）申请移出异常名录，将会导致企业信用等级下降。

风险提示

　　随着社会信用体系的建立，海关及相关部门逐步加强联合惩戒机制，企业是否被列入异常名录、失信企业名单，是税务、出入境管理等部门甚至银行等机构的重点核查事项。企业一旦发生这样的失信行为，将会在很多领域受到限制，体现"一处失信，处处受限"的联合惩戒机制。因此，提醒企业不要因为小疏忽而酿成大错误。

　　笔者建议，企业不要忽视海关登记信息的变更，出现变更事项应及时进行信息变更登记。一方面，避免因无法接收海关相关政策要求的通知，影响正常业务操作；另一方面，避免因失联造成企业信用等级下调。企业可以通过"中国海关企业进出口信用信息公示平台"（如图1-4所示）定期查询异常企业名录及相关信息，及时掌握企业状况。

图1-4　"中国海关企业进出口信用信息公示平台"

主页界面

目前，我国正在大力推进信用体系的建设，各部门加强信用分级分类监管，根据企业信用等级实施差别化措施。在以信用为基础的新型监管机制下，守信者将"降成本、减压力"，失信者将"付代价、增压力"。企业为了长远发展，应尽快建立和完善符合自身情况的信用管理体系，规范企业行为，降低处罚风险。

第二章

海关监管新业务的合规风险

第一节　跨境电商相关企业的法律风险及防范

2020 年，突如其来的新冠肺炎疫情对中国经济发展造成巨大影响。在抗击疫情过程中，电子商务展示出强劲的活力和韧性，可以说，电商已成为日常生活中不可或缺的重要一环。

跨境电商作为电子商务的新兴业态，其商业模式高效便捷，发展迅猛，并持续保持蓬勃发展态势，创造了巨大经济价值，越来越吸引全世界的眼球。海关总署数据显示，2019 年，我国通过海关跨境电子商务管理平台零售进出口商品总额达 1862.1 亿元，同比增长 38.3%。其中，进口总额 918.1 亿元，同比增长 16.8%；出口总额 944 亿元，同比增长 68.2%。

在跨境电商迅猛发展的过程中，无论是业内企业，还是监管部门，都存在这样或那样的疑虑，随着《中华人民共和国电子商务法》等一系列法律法规的出台，财政部、商务部、海关总署等监管部门制定和修改了一系列文件，对指导、规范跨境电商的发展起到了至关重要的作用。

与此同时，跨境电商行业在发展初期的不规范问题日益凸显。部分不法企业企图用"刷单""低报"等方式，利用行内所谓的"税差""价差"，逃避海关监管、谋取非法利益的现象层出不穷。面对这种形势，海关等部门不断加大对上述违法犯罪行为的打击力度，跨境电商企业面临的走私犯罪、侵犯个人信息犯罪、洗钱犯罪等刑事法律风险，以及被海关等部门处罚的行政法律风险与日俱增，在此过程中，也产生了罪与非罪、行政处罚是否得当等一系列争议。

一、"化整为零+化零为整"：伪报贸易方式走私

伪报贸易方式是一种常见的走私手法，通常是"以合法形式掩盖非法目的"，用表面上看起来合法的贸易方式欺瞒海关，从而达到偷逃税款或逃避贸

易管制的目的。众所周知，国家为鼓励跨境电商发展，对以跨境电商方式进口商品设置了较低的税率，与一般贸易相比存在较大的税率差，因而部分企业从中找到了"商机"，走上了违法犯罪的道路。

案例 13

简要情况

甲公司为李某实际控制，2015 年初开始从事跨境贸易电子商务业务。李某对外承揽一般贸易的进口货物，再以跨境电商贸易形式伪报为个人海外购进口商品，逃避缴纳或少缴税款。同时，李某指使程某为乙公司申请跨境贸易电子商务业务海关备案、开发某网站，用于协助甲公司跨境贸易制作虚假订单等资料。

2015 年 8 月，张某委托甲公司伪报贸易方式报关进口货物、在境内交付货物，张某将装箱单、发票等资料转交，然后由甲公司安排人员在中国香港接收货物并运至广州白云机场。甲公司工作人员利用某网站制作虚假个人订单信息、虚假物流信息、虚假支付信息，最后将虚假"三单"推送给海关，将一般贸易进口货物伪报为个人镜外购进口商品，逃避缴纳税款。同期，李某还指使王某设计相应程序将非法获取的个人信息批量导入上述虚假个人订单中，并设计相应程序规避海关部门的监管。

经查，2015 年 9 月—11 月，甲公司及李某、程某、张呆、土某等人利用上述方式走私进口货物 19085 票，偷逃税款共计 2070384.36元。具体分工如图 2-1 所示。

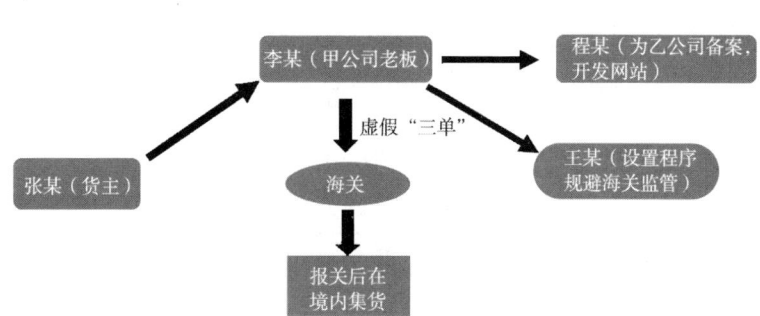

图2-1　"化整为零+化零为整"：伪报贸易方式走私示意图

案件处理

　　法院经审理后认为，甲公司及李某等人逃避海关监管，伪报贸易方式报关进口货物，偷逃应缴税额，其行为均已构成走私普通货物罪。因此，对甲公司判处罚金，对李某等人分别判处有期徒刑三年以下不等的刑罚。

重点剖析

　　本案被称为"跨境电商走私第一案"，是一起典型的伪报贸易方式走私普通货物、物品的案件。这起走私案件的操作流程复杂，需要境内外多个环节分工负责、密切配合，即先"化整为零"，将在境外所揽货物分割成个人境外订单，以跨境电商的方式向海关申报进口至境内，然后在境内重新集货，"化零为整"后对外销售。

　　从图2-1可以看出，本案由李某统筹指挥，关键的走私环节主要有：甲公司在境外揽货；张某、程某、王某协助制作虚假的物流信息、订单信息、支付信息，向海关推送，以跨境电商方式向海关申报；境内集货后二次销售。其核心环节在于编制虚假"三单"信息向海关推送，并设置程序规避海关监管，以形成表面上"合法"申报的假象。

▶风险提示▶

在缉私部门侦办的大量案件中，这一类的走私方式比较典型。相关机关一致认为，不真实存在跨境电商交易，却编制虚假"三单"信息、以跨境电商方式向海关申报，实质上是伪报贸易方式、逃避海关监管，利用跨境电商与一般贸易之间的"税率差"少缴税款的走私行为，若偷逃税款达到法定数额，应被认定构成走私普通货物、物品罪。在跨境电商发展初期，这种靠打"擦边球"来获取超额利润的方式在行业内普遍存在，但实际上，其违法犯罪风险非常高。跨境电商的企业经营者，特别是提供平台服务的企业，更应当予以重视、避免错误行为。

二、跨境电商低报商品价格是否构成走私犯罪

进出口货物的申报价格直接反映货物价值，进而影响需缴纳的税款数额。在一般贸易中，通过低报价格方式逃避海关监管从而偷逃税款的案件屡见不鲜，在实践中均以走私处理。但是跨境电商业内普遍对商品在海关的"备案价格"存在误解，下面的案例将从"备案价格"向海关申报是否符合规定，是否会构成违法两方面予以说明。

案例 14

简要情况

2017—2018 年，国内某供应链 A 公司接受在英国注册的某跨境电商 B 公司的委托，将 B 公司在某网络交易平台上出售给我国境内消费者的奶粉，运输并清关申报入境，派送到消费者手里。

A 公司向英国 B 公司报价时，除收取运费外，还按照 120 元/罐的价格，向 B 公司收取代缴税费。接受委托后，A 公司委托 C 报关公司按照 100 元/罐的价格申请备案，并以备案价向海关申报；A 公司负责制作相应的订单，同时委托 D 公司向海关推送 100 元/罐的支付和物流信息。后被海关查获，经计核认定 A 公司偷逃税款 700 余万元。

案件处理

海关缉私办案部门以 A 公司涉嫌低报价格、逃避海关监管、偷逃应缴税款为由，对 A 公司主要负责人甲某等人采取强制措施，后经检察院审查起诉、法院审判后认为，A、D 公司及其主管人员甲某、乙某等人构成走私普通货物、物品罪，对甲公司、丁公司判处罚金，对主管人员甲某、乙某分别判处 10 年有期徒刑不等的刑罚。

重点剖析

低报价格的走私行为在一般贸易中司空见惯，但在本案案发之时，关于跨境电商中低报价格的案例比较少，且在人民法院裁判文书网还没有公开发布的案例。从以往办理一般贸易低报价格走私的案件来看，在跨境电商贸易中低报价格与其并无本质区别，但本案有更为特殊的情形。

首先，本案中甲公司并非真正的"跨境电商"，而是供应链公司，其对乙公司所卖奶粉的真实价格是无法完全掌握的；其次，与案例13中虚假交易不同的是，乙公司在某网络交易平台上出售给我国境内消费者的奶粉是实际存在的，即甲公司委托丙公司向海关申报的跨境电商交易是真实的；最后，甲公司伙同丁公司通过跨境电商方式，以100元/罐的价格向海关申报的订单、支付和物流信息都是虚假的，而甲公司代缴的税费，是按照120元/罐向乙公司收取的，这20元/罐的价差所包含的税费就成为甲公司的利润之一。

在这种情况下，法院认定甲公司低报价格、偷逃税款，丁公司帮助其伪造支付和物流信息，均构成犯罪似乎无可争议。但是问题在于，按照《关于跨境电子商务零售进出口商品有关监管事宜的公告》（海关总署公告2016年第26号）和《跨境电子商务经营主体和商品备案管理工作规范》（国家质检总局公告2015年第137号）的要求，跨境电商货物申报进口应当事先进行品名和价格等要素备案，在实际监管过程中，海关对企业提供的备案价格进行实质性审核（根据相同或者类似货物的参考价格），如果海关认为价格备案过低，会要求企业重新提供备案价格。

本案中，甲公司委托丙报关公司向海关备案的100元/罐是经过海关审核后的价格，那么甲公司按照备案的100元/罐的价格，向海关申报、缴税，是否合理呢？各方对此问题争议很大。有观点认为，"备案价格"经过了海关的实质性审核，跨境电商企业以海关认可的"备案价格"申报，形成行政法上的"信赖保护"。跨境电商企业或者境内服务商在货物进口时，都是按照备案价格向海关申报纳税的，一般情况下，海关对已经做过价格备案的，会接受企业的备案价格。目前，这种做法和现象，已经形成业界的常态，因此，上述行为不具有违法性。

那么，海关审核认定或要求企业调整"备案价格"的行为，是意味着对企业申报价格的认可，还是仅将其作为一种参考价格？笔者认为，《中华人民共和国海关法》（以下简称《海关法》）、《中华人民共和国进出口关税条例》（以下简称《关税条例》）等法律法规均规定，货物申报价格应当以真实成交价格为基础确定，企业应当如实向海关申报。但如果从跨境电商相关企业的角度来看，海关审核或要求企业调整"备案价格"，确实容易让人产生误解，甚至很多跨境电商从业人员认为无论成交价格是多少，只要按照在海关备案的价格申报就是合理的，因为"海关在备案审核时已经认可了"。这种错误的认识与法律规定的价格申报基本原则相违背，这也是司法机关认定甲、丁公司及其主管人员构成犯罪的根本原因之一。

风险提示

跨境电商作为新生业态，在发展过程中，确实存在一些不规范做法，监管部门对跨境电商监管政策、监管技术水平方面都有待完善，法律定位和法律责任承担等方面也在逐步明确。近年来，财政、商务、海关等部门对跨境电商的监管政策频繁调整，无论是行业发展还是税收政策或者监管规定，都经历了逐步规范的过程。

在这种情况下，跨境电商相关企业应当具有强烈的风险意识，充分认识守法、合规经营的必要性，切实做好合规工作。万万不能以"法不责众""大家都这样操作"为由，为了蝇头小利打"擦边球"从事违法犯罪行为，否则一旦出问题，可能付出的代价将是十分惨痛的。

三、相关从业人员利用职务便利侵犯公民个人信息

跨境电商企业向海关申报时，应当做到"三单"一致，即订单信息、物流信息、支付信息内容相符，协调一致。在物流这一关键环节中，物流企业和快递人员起着非常重要的作用，而随着跨境电商的快速发展，相关从业人员的违法犯罪案件也引起广泛关注。

案例 15

简要情况

自 2015 年 8 月起，宋某利用其系某速运公司员工身份，获得公司操作平台员工账号和密码后，将自己的 VPN（Virtual Private Netwerk，虚拟专用网络）权限与公司账户、密码一同提供给曹某。其后，曹某通过外网登录某速递 VPN 服务器访问运单查询系统下载客户运单信息，并将客户身份信息交由李某贩卖获利。

王某以 1000 元的价格向李某购买公民个人信息 100 万条，用于发

送信息宣传其网店。截至被抓之日，宋某收取曹某给予的报酬 38000 元，曹某贩卖公民个人信息获利 6 万多元，李某分得 5000 多元。

案件处理

法院经审理后认为，被告人曹某、宋某、李某向他人出售公民个人信息，被告人王某非法获取公民个人信息，情节严重，其行为均已构成侵犯公民个人信息罪。宋某身为快递从业人员，将所在单位客户信息获取途径提供给曹某以获取非法利益，其实质为出售所在单位在提供服务过程中获得的公民个人信息，酌情予以从重处罚。法院最终以侵犯公民个人信息罪判处曹某、宋某、李某、王某有期徒刑两年不等的刑罚，并处罚金。

重点剖析

快递物流是跨境电商中的重要一环。本案中，快递人员利用工作便利，获取公民个人信息，非法出售获利，依法被认定为侵犯公民个人信息罪，从而被判处相应的刑罚。此类行为在跨境电商行业走私中普遍存在，要制造虚假的"三单"特别是订单信息，就必须大量获取公民的个人信息。

风险提示

《关于跨境电子商务零售进出口商品有关监管事宜的公告》（海关总署公告 2018 年第 194 号）明确规定，对参与制造或传输虚假交易、支付、物流"三单"信息，为二次销售提供便利，未尽责审核消费者（订购人）身份信息真实性等，导致出现个人身份信息或年度购买额度被盗用、进行二次销售及其他违反海关监管规定情况的企业依法进行处罚。涉嫌走私或违规的，由海关依法处理；构成犯罪的，依法追究刑事责任。对利用其他公民身份信息非法从事跨境电子商务零售进口业务的，海关按走私违规处理，并按违法利用公民信息的有关法律规定移交相关部门处理。因此，跨境电商企业及相关从业人员，必须牢固树立守法、合规意识，充分认识到"刷单"等行业内司空见惯的行为，不仅可能涉嫌走私犯罪，而且可能涉嫌侵犯公民个人信息犯罪，必须予以重视，引起高度警惕。

第二节　贸易管制

贸易管制是一国（地区）为了特定的经济和政治目的，通过制定本国（地区）法规和缔结国际条约的方式，限制其他国家（地区）商品进口，并在一定程度上限制本国（地区）产品出口的行政管理行为。贸易管制对象不仅限于实体货物贸易，还包括技术与服务贸易。有关技术出口部分，不仅包括技术本身，还包括与技术相关的资料。

货物贸易管制方面，《海关法》等法律规定赋予了海关对进出口货物的监管职能，如收验进出口货物贸易监管证件、对进出口货物实施查验和检验检疫、对贸易行为进行后续稽查等。对没有如实申报和交验监管证件的进出口收发货人，海关可以依法作出相应的行政处罚，情节严重的，将移交刑事侦查；

对不符合检验检疫要求的货物，海关还有权要求收发货人作出退运或销毁货物的处置。

下文将分析典型的贸易管制违规情形，并对企业贸易合规建设提出相应建议。

一、进口货物管制

我国对进口货物实行分类管理，其中绝大多数货物属于自由进口类别。出于保护国家安全、维护人身健康、扶持特定产业等目的时，会禁止或限制某些货物进口。禁止进口货物方面，国家通过发布《禁止进口货物目录》的方式进行管理，列入清单的商品一律不允许进口；对限制进口的货物，国家使用配额、许可证等方式进行管理，进口主体需在进口前取得国务院对外贸易主管部门出具的进口许可证书后，方可进口。许可管理包括自动进口许可和非自动进口许可，后者包括的范围较为广泛，如旧机电产品进口许可、两用物项和技术进口许可、野生动植物进口许可、药品进口许可、固体废物进口许可等，申请程序较为复杂，有些还需前置审批。

案例 16

简要情况

某机械设备制造公司在进行内审时发现，其进口的 3 票货物分别存在多报少进、少报多进的情况，且申报信息中商品名称、商品编码等多项信息与实际情况不符。该公司希望笔者协助其进一步内审，并探讨向海关主动披露违规事项的可行性和路径。经笔者了解，确认该 3 票货物均为旧机电设备，进口时应向海关提交许可证件，但该公司物流操作人员为了逃避诸如旧设备进口许可证申领、装前预检、海关查验和海关审价等相关工作，不惜使用虚假信息进行申报，进而给公司造成巨大的合规风险。

案件处理

　　该公司准备在进一步确定违规事实和责任人员情况后，向海关主动披露。

重点剖析

　　该案涉及旧机电设备进口需要申领旧机电产品进口许可证，为逃避烦琐的申领工作以及进口时的特殊监管要求，涉案公司使用了虚假信息向海关申报，属于典型的违法行为。根据违法行为的具体情节和特征，其可能承担的法律责任如表2-1所示。

表 2-1　违法行为性质、特征及法律规定

违法行为性质	法律规定	违法行为特征
走私罪	《最高人民法院、最高人民检察院关于办理走私刑事案件适用法律若干问题的解释》（法释〔2014〕10号，以下简称《两高关于办理走私刑事案件适用法律若干问题的解释》）第二十一条： 未经许可进出口国家限制进出口的货物、物品，构成犯罪的，应当依照刑法第一百五十一条、第一百五十二条的规定，以走私国家禁止进出口的货物、物品罪等罪名定罪处罚；偷逃应缴税额，同时又构成走私普通货物、物品罪的，依照处罚较重的规定定罪处罚。取得许可，但超过许可数量进出口国家限制进出口的货物、物品，构成犯罪的，依照刑法第一百五十三条的规定，以走私普通货物、物品罪定罪处罚。租用、借用或者使用购买的他人许可证，进出口国家限制进出口的货物、物品的，适用本条第一款的规定定罪处罚	有主观故意；有实施伪报、瞒报的行为；进口货物货值超过20万元或重量超过20吨

表2-1　续

违法行为性质	法律规定	违法行为特征
走私行为	《中华人民共和国海关行政处罚实施条例》（以下简称《海关行政处罚实施条例》）第九条： （二）应当提交许可证件而未提交但未偷逃税款，走私国家限制进出境的货物、物品的，没收走私货物、物品及违法所得，可以并处走私货物、物品等值以下罚款	有主观故意；有实施伪报、瞒报的行为；进口货物货值未超过 20 万元且重量未超过 20 吨
违规行为	《海关行政处罚实施条例》第十四条： 违反国家进出口管理规定，进出口国家限制进出口的货物，进出口货物的收发货人向海关申报时不能提交许可证件的，进出口货物不予放行，处货物价值 30% 以下罚款。 违反国家进出口管理规定，进出口属于自动进出口许可管理的货物，进出口货物的收发货人向海关申报时不能提交自动许可证明的，进出口货物不予放行	无主观故意，但存在过错；申报时不能提交许可证件

风险提示

有关货物进口贸易管制的规定分散在不同的法律规定中，致使企业不易通过查询法律规定全面地了解某些特定产品的监管要求。但近年来进口申报活动已经高度电子化，绝大多数贸易管制要求已经被设置在海关通关系统中，通过细致查询和确认，企业应该可以大体确定计划进口的货物是否在禁限之列。本案企业违规行为非常明显，但隐藏了一年之久才被发现，暴露了企业内部管理的疏漏。如果企业设置了申报信息复审岗位，并完整履行了复审职责，或企业财务、物流及关务部门有日常的信息互核确认步骤或内审机制，则有可能及时发现潜在的违规风险。

案例 17

简要情况

海关对某汽车喷涂材料制造企业稽查时，发现其进口的部分原材料中存在甲苯成分，应提交"两用物项和技术进口许可证"，但企业进口申报时未向海关提交，存在违规嫌疑，遂将案件移送缉私部门。缉私部门经过调查，确认企业未提交进口许可证属违规行为，并对其做出罚款 500 万元的行政处罚决定。企业不服，提起行政复议。

案件处理

经审理，复议机关撤销了原行政处罚决定，并责令海关重新作出具体行政行为。之后，海关重新对企业作出罚款 7 万元的行政处罚决定。

重点剖析

该案涉及两用物项进口管制。根据《易制毒化学品进出口管理规定》《两用物项和技术进出口许可证管理办法》《关于对含易制毒化学品的混合物的进出口管理作出具体规定》（商务部公告 2007 年第 23 号）的要求，企业进口甲苯含量超过 40% 的混合物时，应申领"两用物项和技术进口许可证"。该案中，企业向报关代理机构提交了进口货物的所有必要资料，但报关代理机构并未尽合理审查义务，忽视了同品名进口货物中并非全部含有甲苯，且即使部分含有甲苯，含量也并未超过 40% 的事实，而错误地将同品名货物进行了归类并申报。在复议中，笔者将主要工作集中于重新组织证据、确认进口货物的真实成分含量，并厘清申报错误的责任方，最终获得了复议机关认可，原行政处罚决定被撤销。

风险提示

虽然目前绝大多数管制规定已设置在海关系统中，但系统并不会对含有禁限品的混合物做出明显的监管证件提示。对该类进口货物监管条件的判断，很大程度上依赖于企业对法律规定的熟悉程度及工作人员的经验。因此，建议企业相关岗位工作人员随时关注法律规定、管制货物清单的变化，而不要仅以海关系统的提示进行判断。另外，也不建议进口企业将判断监管要求的工作全部转移给报关代理机构，而应对报关代理机构将要申报的信息进行必要的事前审核和事后验核。此外，在与报关代理机构签署的委托合同中，要明确约定双方权利义务，以防范可能发生的民事纠纷。同时，企业应留存进出口货物的详细信息和资料、与报关代理机构传递货物信息的书面记录，一旦发生违规事项，上述存档文件和数据可以帮助企业尽快确定是否违规及责任主体。

二、出口货物管制

我国对出口贸易持支持和鼓励的态度，但出于对国际责任、国家利益、技术发展等因素的考虑，会对部分出口行为，包括货物贸易、技术贸易、服务贸易采取禁止和限制措施，即所谓出口管制。具体而言，我国出口管制制度包括资格管理、物项清单管理、许可证管理、最终用户和最终用途证明制度 4 个层面，并实施全面管控原则。《中华人民共和国出口管制法》（以下简称《出口管制法》）在历经至少 6 年时间的制定和审议后，于 2020 年 12 月 1 日起正式实施，该法延续了我国之前的出口管制方式，同时扩大了视同出口、再出口方面的管制要求，并增加管控名单、临时禁令等新的制度，增加了违反出口管制制度的责任主体范围，对违反管制规定的法律责任也有相应的增加。

案例 18

简要情况

　　某设备生产企业委托某货运代理企业向海关申报出口污水处理装置至叙利亚。海关查验发现，上述货物在整体结构、功能及所用材料方面均与申报品名不符，遂将该线索移交缉私部门作进一步处理。经查实，上述货物并非污水处理装置，而是废酸处理设备，且其中有 41 项属于《有关化学品及相关设备和技术出口管制清单》中明列禁止出口的物项。

案件处理

　　该案最终被法院以走私国家禁止进出口的货物、物品罪，对相关人员处以 2~3 年不等的有期徒刑，并处以 20 万元~25 万元不等的罚金，出口企业与货运代理企业也被处以 30 万元~500 万元不等的罚金。

案例 19

简要情况

某贸易公司出口醋酸钠（商品编码：2915220000），最终目的地缅甸，进口商使用该批商品制造肥皂。《向特定国家（地区）出口易制毒化学品暂行管理规定》（商务部令 2005 年第 12 号）规定，出口缅甸的醋酸钠应申请"易制毒化学品出口许可证"。出口商为免除麻烦，申报时将目的地报为新加坡，未如实申报，被海关调查。

案件处理

海关认为企业涉嫌走私禁止进出口货物物品罪，移交检察院审查起诉。

重点剖析

案例中的发货人和货运代理公司，明知出口货物为管制事项，且金额和数量均超过了法定数额，因此均需承担走私犯罪的刑事责任；出口相关企业违法行为未构成刑事犯罪，需要承担行政法律责任。《出口管制法》实施之前，对违反出口管制的行为分散规定在不同的法律中，《出口管制法》对违反出口管制的主体和行为进行了统一的梳理，在很大程度上达到了引导企业和个人遵守出口管制规定的目标，而处罚幅度也较之前有了较大规模的提升。

以下总结违反出口管制制度的行为及法律责任相关规定，见表2-2。

表2-2　违反出口管制制度的行为及法律责任相关规定

违法行为	行政处罚	刑事处罚	法律依据
出口经营者从事有关管制物项出口，未取得相关管制物项的出口经营资格	给予警告，责令停止违法行为，没收违法所得，违法经营额50万元以上的，并处违法经营额5倍以上10倍以下罚款；没有违法经营额或者违法经营额不足50万元的，并处50万元以上500万元以下罚款 执行部门：海关		《出口管制法》第三十三条
出口国家禁止出口的物项	走私行为，但未构成走私罪的，没收走私货物及违法所得，可并处100万元以下罚款。 执行部门：海关	走私行为，且构成走私罪（货值超过20万元但未超过100万元、或重量超过20吨但未超过100吨）的，处5年以下有期徒刑或者拘役，并处或者单处罚金；情节严重（货值超过100万元、或重量超过100吨）的，处5年以上有期徒刑，并处罚金	《海关行政处罚实施条例》第九条 《中华人民共和国刑法》（以下简称《刑法》）第一百五十一条 《两高关于办理走私刑事案件适用法律若干问题的解释》
	构成违规行为的，责令停止违法行为，没收违法所得，违法经营额50万元以上的，并处违法经营额5倍以上10倍以下罚款；没有违法经营额或者违法经营额不足50万元的，并处50万元以上500万元以下罚款；情节严重的，责令停业整顿，直至吊销相关管制物项出口经营资格。 执行部门：海关		《出口管制法》第三十四条

表 2-2　续 1

违法行为	行政处罚	刑事处罚	法律依据
应当提交许可证件而未提交，出口管制物项	走私行为，但未构成走私罪的，没收走私货物、物品及违法所得，可以并处走私货物、物品等值以下罚款。 执行部门：海关	走私行为，且构成走私罪（货值超过 20 万元但未超过 100 万元、或重量超过 20 吨但未超过 100 吨）的，处 5 年以下有期徒刑或者拘役，并处或者单处罚金；情节严重（货值超过 100 万元、或重量超过 20 吨）的，处 5 年以上有期徒刑，并处罚金	《海关行政处罚实施条例》第九条 《中华人民共和国对外贸易法》（以下简称《对外贸易法》）第六十一条 《刑法》第一百五十一条 《两高关于办理走私刑事案件适用法律若干问题的解释》
	构成违规行为的，责令停止违法行为，没收违法所得，违法经营额 50 万元以上的，并处违法经营额 5 倍以上 10 倍以下罚款；没有违法经营额或者违法经营额不足 50 万元的，并处 50 万元以上 500 万元以下罚款；情节严重的，责令停业整顿，直至吊销相关管制物项出口经营资格 执行部门：海关		《出口管制法》第三十四条
出口国家限制出口的货物，进出口货物的收发货人向海关申报时不能提交许可证件	进出口货物不予放行，处货物价值30%以下罚款。 执行部门：海关		《海关行政处罚实施条例》第十四条 《对外贸易法》第六十一条
	在 3 年内不受理违法行为人提出的进出口配额或者许可证的申请，或者禁止违法行为人在一年以上 3 年以下的期限内从事有关货物或者技术的进出口经营活动。 执行部门：商务部		

表 2-2　续 2

违法行为	行政处罚	刑事处罚	法律依据
超出出口许可证件规定的许可范围出口管制物项	责令停止违法行为，没收违法所得，违法经营额 50 万元以上的，并处违法经营额 5 倍以上 10 倍以下罚款；没有违法经营额或者违法经营额不足 50 万元的，并处 50 万元以上 500 万元以下罚款；情节严重的，责令停业整顿，直至吊销相关管制物项出口经营资格。执行部门：海关	构成犯罪的，依照《刑法》第一百五十三条的规定，以"走私普通货物、物品罪"定罪处罚	《货物进出口管理条例》第六十五条 《两高关于办理走私刑事案件适用法律若干问题的解释》《刑法》第一百五十三条 《出口管制法》第三十四条
以欺骗、贿赂等不正当手段获取管制物项出口许可证件，或者非法转让管制物项出口许可证件	撤销许可，收缴出口许可证，没收违法所得，违法经营额 20 万元以上的，并处违法经营额 5 倍以上 10 倍以下罚款；没有违法经营额或者违法经营额不足 20 万元的，并处 20 万元以上 200 万元以下罚款 执行部门：海关		《出口管制法》第三十五条
伪造、变造、买卖管制物项出口许可证件	没收违法所得，违法经营额 5 万元以上的，并处违法经营额 5 倍以上 10 倍以下罚款；没有违法经营额或者违法经营额不足 5 万元的，并处 5 万元以上 50 万元以下罚款。执行部门：海关	伪造、变造、买卖或者盗窃、抢夺、毁灭国家机关的公文、证件、印章罪，处三年以下有期徒刑、拘役、管制或者剥夺政治权利，并处罚金；情节严重的，处三年以上十年以下有期徒刑，并处罚金	《出口管制法》第三十五条 《刑法》第二百八十条

表 2-2 续 3

违法行为	行政处罚	刑事处罚	法律依据
经营者违反本法规定与列入管控名单的进口商、最终用户进行交易	给予警告，责令停止违法行为，没收违法所得，违法经营额 50 万元以上的，并处违法经营额 10 倍以上 20 倍以下罚款；没有违法经营额或者违法经营额不足 50 万元的，并处 50 万元以上 500 万元以下罚款；情节严重的，责令停业整顿，直至吊销相关管制物项出口经营资格。 执行部门：国务院、中央军事委员会承担出口管制职能的部门		《出口管制法》第三十七条
经营者拒绝、阻碍监督检查	给予警告，并处 10 万元以上 30 万元以下罚款；情节严重的，责令停业整顿，直至吊销相关管制物项出口经营资格。 执行部门：国务院、中央军事委员会承担出口管制职能的部门		《出口管制法》第三十八条
经营者在申请登记过程中故意隐瞒实情、提供虚假信息或以其他不正当手段骗取登记证书；伪造、涂改、转借、出租或转让登记证书	警告、可注销企业登记证书。 执行部门：商务部		《敏感物项和技术出口经营登记管理办法》第十五条

表 2-2　续 4

违法行为	行政处罚	刑事处罚	法律依据
经登记的经营者在经营敏感物项和技术出口过程中违反国家出口管制法律、法规和规章	警告、可注销企业登记证书。执行部门：商务部		《敏感物项和技术出口经营登记管理办法》第十六条
进口或者出口属于禁止进出口的技术，或者未经许可擅自进口或者出口属于限制进出口的技术	警告，没收违法所得，罚款、撤销其对外贸易经营许可。执行部门：商务部	依照《刑法》关于走私罪、非法经营罪、泄露国家秘密罪或者其他罪的规定，依法追究刑事责任	《中华人民共和国技术进出口管理条例》第四十四条

风险提示

随着我国出口管制制度的完善，因违法行为而导致的法律责任也明显增大。笔者建议企业可以通过内部合规管理避免大多违反出口管制制度的行为，且也有可能因此享受到相应的出口便利措施。笔者建议企业从如下角度建设内部合规管理制度：

1. 以公开的方式发布合规申明。

拟订且由主要负责人签署，并以公开方式申明企业将遵守国家出口管制政策法规的承诺、企业高级管理层对企业内控机制的支持态度、企业出口管制的工作目标以及员工在出口管制内部控制中的责任。

2. 建立合规内控组织机构。

结合自身特点建立独立的出口合规内控组织，并在具体的出口受控业务判断方面，建立多重审查机制。

3. 制定审查程序。

为客户提出需求意向、询价、技术交流、签署合同、产品生产、发货以及售后服务等各个环节设计配套的审查程序，通过程序化、制度化管理，杜绝受控物项和技术出口的随意性。

4. 编制管理手册。

成套管理手册十分有利于企业各部门及员工个人查询和遵守，建议内容包括管制法律法规、企业内部控制制度、企业政策声明、组织机构、审查程序、本企业经营的受控物项或技术、依据全面控制原则可能受控的物项和技术、出口控制审查要点、出口控制要求的各类文件表格、内控机制咨询方式、专（兼）职人员名单及联系方式、国家出口控制相关主管部门及联系方式、企业出口控制工作宣传资料和培训信息、其他内控机制的规章制度、信息等。

5. 开展教育培训。

建议企业结合实际运营及业务状况制订对员工的培训计划并实施，保证所有与出口活动相关的员工接受必要的培训。

6. 保留资料档案。

企业应制定和严格执行贸易文件的存档程序及保管要求。企业需要保留出口记录、与政府部门沟通的情况记录、客户信息及往来文件、许可申请文件、许可审批文件以及出口项目执行情况记录等；应对以电话、传真、电子邮件和其他方式的各类接洽进行记录和储存。

7. 建立监督体系。

企业应对员工违规行为采取相应的处罚措施，以确保内控机制的有效执行。

第三节　检验检疫

目前，商品检验、动植物检疫、国境卫生检疫、进出口食品化妆品卫生安全和海关传统职能监管、关税、统计、缉私等一起形成进出口的 360 度立体监管和海关执法体系。关检职能合并以后，经过三年多的磨合，给企业带来了通关速度加快、通关程序简化等诸多利好。

一、商品检验

2019 年 3 月，海关在进口汽车检验过程中，发现进口特斯拉 Model 3 纯电动车存在警告标识无中文标注、整车铭牌缺失、铭牌标注错误等问题，不符合国家强制性标准《机动车运行安全技术条件》的要求，存在安全隐患，影响消费者合法权益。所以海关对特斯拉 Model 3 纯电动车暂缓放行。仅 2018 年海关系统就对涉及 54.8 万辆的汽车采取风险预警和快速反应，实施技术整改或退运措施。海关行使的这项职权，正是依据海关对进出口商品检验的职能。进出口商品检验的基本原则是法检商品进口时必须报关，出口时提出出口申报前监管申请。法定检验以外的商品，海关按规定实施抽检。

法检，指的是法定检验。凡涉及安全、卫生、健康、环保和反欺诈的商品，都在法检目录内。例如，企业需要从国外进口一批电饭煲，关检融合前，海关关注的是电饭煲商品归类是否正确，原产地申报是否正确，商品价格和市场同类产品是否有太大的出入和异常。而现在，海关除了关注以上要素以外，产品品质等也成为海关审核的要素。

进口危化品、旧机电产品等重点商品，海关还会按照"口岸查验+目的地检验"的模式实施监管。口岸查验，是指口岸海关履行原来海关的查验职责，主要检查验证货物是否单货相符，是否存在品名、价格、原产地等问题。目的地检验，是指属地海关履行原国检的商品检验职责，主要检验货物的质量、规格、重量、数量、外包装、安全以及卫生。

通俗地说，原来海关查验，检查的主要是单货是否相符，主要涉及税款的问题。现在的商品检验，则增加了检查范围，关注点主要是商品的内在是否符合国家标准对商品的各项要求。

海关应当审查进口质量许可等证明文件。因此，监督管理进出口商品鉴定、验证、质量安全也是海关的重要职能。实施许可制度的商品，进出口都需要验证。验证是一种商品的合格评定程序①，主要是核对证货是否相符。海关总署会制定实行验证管理的进出口商品目录并公布。例如，之前提到的进口电饭煲，海关需要验证企业提供的中国强制性认证证书（3C 认证）的证书编号、产品名称、规格型号、证书状态、证书到期日期、标识内容（安全和电磁兼容）六大项证货是否相符。

试图以各种方式逃避海关检验的都属于违法行为，将面临海关的行政处罚。如果使用伪造、变造、买卖、盗窃商检单证、标志、封识、质量认证标志的，因为伪造、变造、买卖、盗窃本身具有明显的主观故意，还有可能会被追究刑事责任。

---

① 实施验证的商品范围包括中国强制性认证商品、特种设备、医疗器械、能效标识产品、水效标识产品、有害物质限用的电器电子产品、机动车辆和非道路移动机械排放信息七大类商品。相关的依据有《强制性产品认证管理规定》的 19 类产品；《特种设备安全法》涉及的承压类和机电类设备；《医疗器械监督管理条例》涉及的一类医疗器械的备案证和二、三类医疗器械的注册证；《能源效率标识管理办法》的 37 类商品；《水效标识管理办法》涉及的坐便器；《电器电子产品有害物质限制使用管理办法》涉及的电器电子产品；《大气污染防治法》涉及的机动车辆以及非道路移动机械（柴油叉车、联合收割机等）。

案例 20

简要情况

2020 年 4 月 6 日，某股份有限公司委托上海某国际货运有限公司向海关申报出口非医用防护口罩 50 万个。经布控查验，实际货物为医用防护口罩，该批货物系出口防疫物资。当事人采取纸条粘贴遮盖产品外包装上的"医用"字样方式，涉嫌伪报品名，影响海关监管秩序。

案件处理

因涉嫌伪报品名，构成走私行为，该案被移送缉私部门立案处理。缉私部门经过立案调查，未认定当事人构成走私行为，但认定当事人构成违规行为。按照《海关行政处罚实施条例》第十五条第(二)项的规定，对当事人处以罚款人民币 3 万元。

重点剖析

对于出口货物的监管，海关主要从出口法检货物的产品质量是否符合标准、是否存在高报价格骗取出口退税等方面开展。疫情期间，防疫物资大批量密集出口，品质良莠不齐，在国际市场上中国产的防疫物资出现了一些质量问题。

对此，商务部、海关总署、国家药品监督管理局联合发布了《关于有序开展医疗物资出口的公告》（2020 年第 5 号），自 2020 年 4 月 1 日起，出口新型冠状病毒检测试剂、医用口罩、医用防护服、呼吸机、红外体温计的企业向海关报关时，须提供书面或电子声明，承诺出口产品已取得我国医疗器械产品注册证书，符合进口国（地区）的质量标准要求。海关凭药品监督管理部门批准的医疗器械产品注册证书验放。

新规发布以后，海关加大了对出口防疫物资的查验力度。企业将医用口罩申报为非医用口罩，目的是逃避出口商品的商品检验，涉嫌违反《中华人民共和国进出口商品检验法》（以下简称《进出口商品检验法》），如果采用伪报的方式逃避海关监管，则可能构成走私行为。

风险提示

1. 心存侥幸将需要法检的商品申报为其他不需要检验的商品，逃避商品检验，付出的代价往往都比较大。轻则面临行政处罚，情节严重的可能涉嫌刑事犯罪。

《进出口商品检验法》第五条规定，列入目录的进出口商品，由商检机构实施检验。

前款规定的进口商品未经检验的，不准销售、使用；前款规定的出口商品未经检验合格的，不准出口。

《进出口商品检验法》第三十三条规定，违反本法规定，将必须经商检机构检验的进口商品未报经检验而擅自销售或者使用的，或者将必须经商检机构检验的出口商品未报经检验合格而擅自出口的，由商检机构没收违法所得，并处货值金额 5% 以上 20% 以下的罚款；构成犯罪的，依法追究刑事责任。

2. 法定检验的出口商品经出入境检验检疫机构检验或者经口岸出入境检验检疫机构查验不合格的，可以在出入境检验检疫机构的监督下进行技术处理，经重新检验合格的，方准出口；不能进行技术处理或者技术处理后重新检验仍不合格的，不准出口。

案例 21

简要情况

2019 年 5 月，某海关查获了一批禁止进口的废聚酯薄片，共计 5 个集装箱，约 117 吨货物。该批货物由马来西亚进口，申报品名为聚酯薄片纺丝料。关员现场查验发现，该批货物实际颜色不一，杂质较多，且带有大量粉尘，外观判断存在固体废物嫌疑。经取样送检，确认货物为废弃塑料瓶经过简单粉碎后的废聚酯瓶片，粉末、杂质、残留物等多项指标检测均不合格，属于禁止进口的固体废物，遂将其移送缉私部门立案处理。

案件处理

近年来，国家严控固体废物的进口，对固体废物鉴别的标准越来越严格，《限制进口的固体废物目录》逐年缩小，不锈钢废碎料、钛废碎料、木废碎料等被调入了《禁止进口的固体废物目录》。自 2017 年起，海关连续开展"蓝天行动"打击固体废物走私。

2019 年，生活来源和工业来源的废塑料已被禁止进口，本案的货主将废塑料申报为再生料，经送检化验进口货物为废塑料，属于禁止进口的固体废物。海关责令退运固体废物。法院判决被告单位某有限公司犯走私废物罪，判处罚金 20 万元。被告人赵某犯走私废物罪，判处有期徒刑五年六个月，并处罚金 35 万元。

重点剖析

进口再生塑料颗粒是近年来争议较大的货物类型，还有一类发生较多的案例是企业进口限制进口的固体废物，冒用他人的许可证，用伪报实际收货人的方式走私。在海关的执法实际中，若利用他人许可证进口国家限制的可用作原料的固体废物，如果实际收货人没有相应环评资质，且达到法定起刑点的，按刑事案件立案侦查。

风险提示

1. 再生塑料的监管和对固体废物的认定标准。

2014 年，海关总署发布《关于进一步明确再生塑料及有关废塑料监管问题的通知》，符合"三统一"（货物颜色一致、颗粒大小和形状一致、包装一致）要求的再生塑料颗粒可不按固体废物进行管理。

2017 年，固体废物进口管理制度改革，进口再生塑料颗粒数量猛增，形态多样，情况繁杂，"三统一"的标准过于简单，并不能适应口岸现场执法的需要，实际操作过程中关企争议较多。

2018 年，生态环境部和国家市场监督管理总局协调沟通，共同推动建立再生塑料标准体系。全国塑料标准化技术委员会牵头负责再生塑料标准的编制。

2019 年，由全国塑料标准化技术委员会归口，并启动了再生塑料系列国家标准项目研制工作。

2. 对于固体废物的处罚将越来越严厉。

（1）经济处罚至原有的 5 倍。

2020 年 9 月 1 日开始施行的新修订的《中华人民共和国固体废物污染环境防治法》（以下简称"新《固体废物污染防治法》"，1995 年版简称"原《固体废物污染防治法》"）第一百一十五条规定，将中华人民共和国境外的固体废物输入境内的，由海关责令退运该固体废物，处 50 万元以上 500 万元以下的罚款。经济处罚从原有的 10 万以上 100 万元以下的罚款增加至 50 万元以上 500 万元以下的罚款。

（2）增加承运人的连带责任。

原《固体废物污染防治法》规定进口者与承运人承担退运责任有先后之分，只有进口者不明时才由承运人承担退运该固体废物的责任，或者承担其处置费用。

新《固体废物污染防治法》增加了承运人的连带责任，承运人对该法第一百一十五条第一款规定的固体废物的退运、处置，与进口者承担连带责任。

二、动植物检疫

进出口环节的动植物检疫，是指动物、植物由一个国家或地区进入另一个国家或地区，为防动植物的传染病输入、传出和传播所采取的综合措施，包括医学检查、卫生检查和必要的卫生处理。具体来说，就是我国在进出口环节，通过海关监管，防止动物或植物及其产品在流通过程中传播有害生物（包括中国没有的其他国家的病虫、害虫、动物传染病等）的措施。

进境动植物检疫中，海关经常查获的违法类型包括使用伪造的动植物检疫证书；未经口岸检疫，擅自将进境动植物卸离运输工具或者运递的；未经海关许可，擅自将隔离动物调离指定场所；商品木质包装未申报动植物检疫或擅自拆除木质包装。

出境动植物检疫中，较多的违法案件是归类错误导致未申报动植物检验检疫，以及出口商品漏报动植物检验检疫。

案例 22

简要情况

　　广东某木材加工制造公司委托货代公司代理进口美国原木白蜡木。经海关查验，所附植物检疫证书说明该批货物不带树皮，但实际申报的进口白蜡木原木未去皮，与植物检疫证书内容不符。通过交涉沟通，国外厂家解释为由于近期美国疫情形势严峻，供应商迫于执行合同交货期而没有严格按照订货要求发货。

案件处理

　　海关经查验，认定证货不符，要求全部退运。

重点剖析

　　1. 本案涉案货物共 25 票，275 个集装箱均已到港。货物全部退运，对企业而言，损失非常惨重。

　　2. 本案的关键问题是进口货物与植物检疫证书不符。证书上已声明进口货物不带树皮，但到港货物都未去皮。

　　3. 在国际贸易合同中需要关注全流程的风险点。若出现因卖方原因造成的退运，应及时向卖方追偿损失。

风险提示

根据原国家质检总局、海关总署、原国家林业局等联合发布的《关于执行进口原木检疫要求有关问题的通知》（2001 年第 2 号公告），进口原木须附有输出国家或地区官方检疫部门出具的植物检疫证书，证明不带有中国关注的检疫性有害生物或双边植物检疫协定中规定的有害生物和土壤。

进口原木带有树皮的，应当在输出国家或地区进行有效的除害处理，并在植物检疫证书中注明除害处理方法、使用药剂、剂量、处理时间和温度；进口原木不带树皮的，应在植物检疫证书中作出声明。

进口原木未附有植物检疫证书的，以及带有树皮但未进行除害处理的，不准入境。出入境检验检疫机构对进口原木进行检疫，发现检疫性有害生物的，监督进口商进行除害处理，处理费用由进口商承担。无法作除害处理的，作退运处理。

案例 23

简要情况

上海某海运航空货运代理有限公司于 2019 年 7 月 10 日、7 月 16 日、8 月 12 日分别申报进口三批货物，依法应由洋山海关实施进境木质包装检疫，但上述批次货物一直未按要求至口岸指定地点实施检疫。经查，由于该公司工作人员工作疏忽，未审核上述批次货物的检验检疫查验要求，导致承运司机未将货物运至洋山口岸指定地点进行检疫查验，造成了上述货物未实施货物检疫便已擅自运递。

案件处理

该公司积极配合调查，如实陈述违法事实并提供有关证据材料。根据《中华人民共和国进出境动植物检疫法实施条例》第六十条第（一）项，海关决定从轻作出如下行政处罚：对该海运航空货运代理有限公司处以罚款9000元整。

重点剖析

企业出现违反进出境动植物检疫相关行政法规的主要原因有以下几方面：一是企业对检验检疫法规和政策缺乏足够的了解和重视。进出口贸易合规的规定较多，且经常更新，企业如果对相关规定没有专门的梳理和定期更新，可能因疏漏违规而不自知。二是部分企业对自身行为可能带来的危害考虑不周，存在侥幸心理，受经济利益驱动实施违规行为。三是企业对相关法律法规的条文理解不到位。四是代理报关企业未尽到提示提醒义务。

风险提示

进境木质包装作为境外有害生物传入我国的主要载体之一，可能携带各种有害生物，危害国家农林生态安全，一直是口岸检疫防控的重点。笔者提醒贸易双方，须重视检疫常识及木质包装的申报，加强沟通和跟踪工作。

三、国境卫生检疫

国境卫生检疫，是指海关为了防止传染病由境外传入或者由境内传出，依照国境卫生检疫的法律、法规，在国境口岸、关口对出入境人员、交通工具、运输设备以及可能传播传染病的行李、货物、邮包等物品实施卫生检疫查验、疾病监测、卫生监督和卫生处理的卫生行政执法行为。

国境卫生检疫常见的违法案件类型主要有集装箱、交通工具未申报卫生检疫；保税维修业务未申报卫生检疫；出口废旧物品少报多出；船舶停靠未经海关许可擅自上下旅客等。

案例 24

简要情况

某海关检疫人员对园区内某基因科技有限公司进口的特殊物品进行现场查验时发现，该公司在未经许可的情况下，已将部分测序试剂盒投入使用，涉嫌违反《出入境特殊物品卫生检疫管理规定》。执法人员依法对该涉嫌违法行为予以立案调查。

经调查，2018 年 9 月，该公司向某海关申报了一批从新加坡进口的测序试剂盒等用于基因检测的特殊物品，货物总值为 46 万美元。在未经海关检疫合格的情况下，该公司将部分货物投入基因测试，并收取了部分基因测试费用。

案件处理

该公司未经海关许可，擅自使用特殊物品，已违反了《出入境特殊物品卫生检疫管理规定》的相关要求。海关依法对该公司予以行政处罚。根据《出入境特殊物品卫生检疫管理规定》第二十九条第 (二) 款的规定，海关对其处以 2 万元罚款。

重点剖析

对于入境、出境的微生物、人体组织、生物制品、血液及其制品等特殊物品，应严格按照特殊物品的卫生检疫规定，在货物出入境前，相关企业要提供相关特殊物品的材料向海关提出审批申请，审批完成后方能进行申报。入境特殊物品到达口岸后，出境特殊物品出境前，应凭"特殊物品审批单"及其他材料向入/出境口岸及所在地海关进行申报。出入境特殊物品单位，应当建立特殊物品安全管理制度和生产、使用、销售记录，记录保存期限应不得少于 2 年。需实施后续监管的入境特殊物品，其使用单位应当在特殊物品入境后 30 日内，到目的地海关申报，未经海关许可，不得擅自使用。

风险提示

根据《中华人民共和国国境卫生检疫法实施细则》《出入境特殊物品卫生检疫管理规定》，特殊物品的携带人、托运人或者邮递人在特殊物品出入境之前需要提前办理"特殊物品审批单"。

四、食品安全

海关总署作为进出口食品安全（包括进出口食品添加剂、食品相关产品、水果、食用活动物）的主管部门，负责对进口食品境外生产企业实施注册管理；对向中国境内出口食品的出口商或者代理商实施备案管理；对进口食品实施检验；对出口食品生产企业实施备案管理；对出口食品原料种植、养殖场实施备案管理；对出口食品实施监督、抽检；对进出口食品实施分类管理；对进出口食品生产经营者实施诚信管理。

海关负责进出口食品、化妆品的检验检疫及监督管理。境外出口商、境外生产企业应当保证向我国出口的食品、食品添加剂、食品相关产品符合我国相关法律、行政法规的规定和食品安全国家标准的要求，并对标签、说明书的内容负责。

进出口食品安全，常见的违法案件类型主要有违反指定场所监管相关规定；销售、使用经检验不符合食品安全国家标准的进口食品；未建立食品进口和销售记录制度；建立的食品进口和销售记录没有如实记录进口食品的卫生证书编号、品名、规格、数量、生产日期（批号）、保质期、出口商和购货者名称及联系方式、交货日期等内容；建立的食品进口和销售记录保存期限少于2年；出口食品原料种植、养殖过程中违规使用农业化学投入品；相关记录不真实或者保存期限少于2年；出口食品生产企业生产出口食品使用的原料未按照规定来自备案基地；未报检或者未经监督、抽检合格擅自出口；擅自调换经海关监督、抽检并已出具检验检疫证明的出口食品。

案例 25

简要情况

　　某国际电子商务有限公司于 2019 年 10 月 7 日以跨境电商方式向海关申报出口一批日用品等货物。在实际出口时被海关现场查验发现该批货物除申报货物外，另有未申报货物香豆酱、营养快线、紫菜等。当事人的行为属于对食品未报检擅自出口，违反了海关总署《进出口食品安全管理办法》第三十二条的规定。

案件处理

　　海关根据《中华人民共和国食品安全法》第一百二十四条、第一百二十九条第一款第（三）项和《进出口食品安全管理办法》第五十六条第一款的规定，对当事人处以 5 万元的罚款。

重点剖析

　　此案不复杂，但具有一定的典型性。进口货物是海关重点关注的对象，但出口货物同样也会被查验。未报检或者未经监督、抽检合格擅自出口；擅自调换经海关监督、抽检并已出具检验检疫证明的出口食品，这些都是在出口货物过程中容易出现的问题，企业需要关注此类合规风险。

风险提示

　　进出口食品安全涉及千家万户的生命和健康，企业合规需要遵从的相关法律法规和规范性文件也比较多。《海关法》《中华人民共和国食品安全法》及其实施条例、《进出口商品检验法》及其实施条例、《中华人民共和国进出境动植物检疫法》及其实施条例、《中华人民共和国农产品质量安全法》《国务院关于加强食品等产品安全监督管理的特别规定》等，都有关于进出口食品安全的监管和法律责任条款。

第 三 章

进出口货物的纳税争议

海关与企业的纳税争议，常见价格争议和归类争议两种形式，其中价格争议的主要形式是特许权使用费和转让定价。海关对企业的申报价格产生质疑，通过验估、核查或者稽查等途径，与企业进行进口价格磋商。最终达成一致意见的，补税结案；不能达成一致意见的，可能发生复议、诉讼。归类争议有的发生在进出口申报环节，有的发生在事后复核或者稽查环节。

在纳税争议过程中，如果海关经核查发现企业有主观过错，可能构成违规违法，案件可能将移交缉私部门处理。如果是价格、归类等申报错误，则构成申报不实或者伪报，成为违法案件，进入海关行政处罚或者刑事处罚程序，这个问题将在其他章节讨论。

第一节　特许权使用费争议

海关关注的特许权使用费，是指企业为进口货物支付的专有技术费、商标权费、专利权费以及著作权费等，最常见的是企业从非贸项下支付的专有技术费和商标权费。企业对外支付上述费用，尽管已向国内税务部门申报代缴了所得税，但没有向海关申报缴纳进口环节税，容易引发海关的价格审查，成为价格纳税争议的重点之一。

海关对企业开展以特许权使用费为核心的价格稽查，审查未申报部分特许权使用费是否应当补税，补缴多少税。这涉及两个核心问题，第一个问题是企业支付的特许权使用费是否与进口货物有关，是否应当计入完税价格；第二个问题是与进口有关的费用如何进行量化，分摊到进口货物中去。

另外，企业向海关申报时作出"否定性"确认的情况下，会不会构成违规？这也是近年企业在特许权使用费申报问题上产生的新问题。总之，"剪不断，理还乱"的特许权使用费问题，长期困扰着企业进口货物申报。下文，笔者将结合案例来谈谈特许权使用费三个具有代表性的问题。

一、专有技术或者专利权使用费的纳税争议

进口商品，往往是利用某项专利或者专有技术而制造生产出来的，或者进口商品中含有某项技术，如机器设备的应用软件等，这种商品的价格包含货物本身的物质价格，也包含为制造、生产商品而利用的专利或者专有技术价格。在知识产权保护较完善的国家（地区），专利或者专有技术通常是单独交易的，所以，在商品跨境贸易中，专利或者专有技术使用费，通常也是分别单独支付的。进口企业对外支付的专利或者专有技术使用费，如果是通过非贸易渠道对外付汇，没有计入进口商品的完税价格向海关申报纳税，海关对此将会提出价格质疑或者价格稽查，要求企业补缴相应的税款，企业可对此与海关进行磋商。

这部分特许权使用费是否应当计入完税价格，应当分摊补缴多少税款，这就是所谓的专有技术或者专利权使用费的纳税争议。

案例 26

简要情况

某汽车零部件生产销售企业，2016—2019 年从境外多个企业（包括关联企业和非关联企业）定制并采购进口汽车零配件，货款合计34380 万元，在境内工厂加工装配成汽车部件销售。同时，也从境外企业采购进口了滤芯、电阻片、液晶屏等通用零件，价值共计 17780 万元。

海关稽查经审核发现，该企业除正常从贸易项下付汇外，还依据特许权许可协议进行非贸付汇，按照产品的净销售额 3% 计提基础研发费和应用软件开发费，并逐年递减 0.25%，共计对外支付 8239 万元。

案件处理 ▶

海关与企业多次沟通、磋商和审计，最终确定涉案特许权使用费与进口定制件有关，没有证据证明进口通用件中含有涉案专有技术或者用涉案专有技术生产的。而且，当事人从境外非关联企业（第三方）进口的定制件，因当事人并未向第三方支付特许权使用费，第三方定制件也不能列入分摊范围。所以，对外支付的特许权使用费只与进口关联方的定制件有关。最终海关认定：计入进口货物完税价格的特许权使用费=特许权使用费计提总额×［从关联方采购进口的定制零部件采购成本（含关税）∶当期生产成本］，并以此作为完税价格计核补缴税款 226 万元。

重点剖析 ▶

1. 与进口货物有关的特许权使用费，才能参加分摊计税。企业从非贸项下对外支付的费用，并非都应作为特许权使用费计入完税价格，根据《中华人民共和国海关审定进出口货物完税价格办法》（海关总署令 213 号，以下简称《海关审价办法》）第十三条的规定，只有与进口货物相关的特许权使用费，才能分摊计入完税价格。本案当事人从非贸项下对外支付的费用，除了基础研发费和应用软件开发费外，还有服务费、派遣费、技术援助费和培训费等，根据《海关审价办法》第十五条的规定，这些费用并不能计入完税价格，应当从非贸付汇中予以扣除。

2. 与支付特许权使用费有关的进口货物，才能参加分摊计税。在特许权使用费量化分摊的计算过程中，作为计算公式"分子"的当期进口货物价值（含关税），是决定完税价格数额大小的重要因素。"分子"越大，完税价格越高。但不能把当期全部的进口货物都作为"分子"，应当认真审核后区别对待，只有与当事人对外支付特许权使用费有关的那部分货物，才能作为"分子"进行分摊。本案的进口货物包含定制件、通用件和贸易件。定制件有从关联企业购买的，也有从第三方购买的；通用件无须支付专有技术费，贸易件进口后直接销售，当事人没有从这部分销售额中计提特许权费用。因此，通用件和贸易件均与进口货物无关，不需要参加分摊，应当从计核公式的分子中予以扣除。从非关联第三方进口的货物，是否与特许权使用费有关，主要依据计提费用是否直接或者间接地支付给了第三方供应商。如果没有证据证明实施了支付或者应当支付，则这部分货物与特许权使用费无关，也应当予以扣除。本案最终与特许权使用费有关的只剩下从关联方采购的定制件，可以作为"分子"参加分摊。

风险提示

企业从非贸项下付汇的专利或者专有技术使用费，未向海关申报纳税的，是海关核查或者稽查补税的重点，也是价格纳税争议的主要对象。一般情况下，这类案件不会被移交缉私部门处理，但应当补缴多少税款涉及企业经营成本，企业应予以认真对待。

面对海关对企业非贸项下付汇提出的相关特许权使用费申报质疑，企业应对的 3 个关键点：首先，非贸项下付汇是否为特许权使用费；其次，哪部分特许权使用费与进口货物有关；最后，特许权使用费与哪部分进口货物有关。

二、商标权使用费的纳税争议

商标是用来区分相同或相似商品和服务的不同生产者或提供者的标志，代表商标使用者生产或经营的质量和信誉，具有商业价值。商标所有人可以通过许可等方式将商标有偿转让，授予他人在特定范围内使用商标的权利，所以商标也成为受知识产权保护的一种工业产权。从境外进口商品，特别是服装鞋帽等服饰制品，进口商除支付服饰本身的费用外，通常还要支付商标权使用费。不管进口商品是进口前附有商标的，还是进口后再附上商标的，另行对外支付的商标权使用费，都需要计入进口货物的完税价格向海关申报纳税。发现企业对外支付商标权费未向海关申报纳税的，海关将会提出价格质疑或者海关稽查，企业向海关就应否申报纳税或纳税数额提出申辩意见的，称为商标权使用费的纳税争议。

案例 27

简要情况

　　甲公司由境外乙公司与国内企业共同投资设立，甲公司从境外进口药品生产原料，在境内加工为成品制剂后向国内外市场销售。根据双方签署的商标许可权合同，乙公司授权甲公司使用其制剂成品药的商标权，甲公司须每半年向乙公司支付一次特许权使用费，其中商标使用权费按成品药销售净额 2% 的比例计提。

案件处理

　　甲公司认为，本案中该公司支付的商标权使用费，与进口货物即原料药无关，根据《海关审价办法》第十三条第（二）项，依法不计入完税价格，不需要向海关申报，理由如下：

　　1. 该公司购买的商标权，使用于其国内生产的成品制剂药上，在国内生产出来的制剂药上使用授权商标并进行销售，根据《商标许可权合同》的规定，该公司购买的商标使用权，在原料药进口时，并不随附该商标，也不使用该商标或者其他商标，根据《海关审价办法》第十三条第 2 项第 3 目，涉案商标权与进口原料药无关。

　　2. 根据其与乙公司签订的货物贸易合同，以及货物进口的实际情况，进口原料药没有商标，也不可能自带商标；原料药也不能进口后附上商标直接销售，而是被进行深度加工成为药品制剂后再进行销售，药品制剂是对药品原料性质的根本性化学改变，两者有着本质的区别。所以，本案不是在进口货物附上商标直接销售的情况，根据《海关审价办法》第十三条第（二）项第 2 目，该公司支付的商标权使用费与进口原料药无关。

3. 根据药品制作工艺流程和标准，从原料药变成制剂药，需要经历一个复杂的过程，原料药的成分、结构和功能等，与制剂药有根本上的不同。所以，原料药制作成为制剂药，不是简单的轻度加工，而需要深加工，根据《海关审价办法》第十三条第（二）项第 3 目，该公司支付的商标权费与进口原料药无关。

因此甲公司认为其支付的商标权使用费，与进口原料药无关，只与该公司国内生产制造的制剂药有关，依法不应当计入进口货物的完税价格，不需要向海关申报纳税。该公司从非贸项下支付的这部分费用，只需要向国家税务总局申报缴纳所得税即可。

而海关认为甲公司向境外乙公司支付的商标权使用费，构成乙公司销售货物的一个条件并与进口原料有关，该商标权使用费应当计入完税价格，并向海关申报纳税。故海关将企业计提费用与进口原料药进行量化分摊后，对甲公司补征了进口环节税款。

风险提示

非贸付汇，是海关稽核特许权使用费申报情况的重点方向。一般情况下，如果存在非贸付汇没有向海关申报，同时又有进口货物的情况，海关就会把付汇未申报与进口货物关联起来。排除两者关联性的事项交由企业处理，如果企业处理得积极妥当，可以依法节省大量税收成本；如果企业被动应付，甚至不去应对，可能面临多缴税款。

三、报关单对支付特许权使用费作"否定性"申报的法律性质

2016 年 3 月开始，海关要求企业在报关单上对支付特许权使用费情况，作出"是"或者"否"的判断性申报。如果企业填报"是"，而且在申报进口时已支付应税特许权使用费，那么根据费用具体情况要将金额填报在报关单"总价"或"杂费"栏目；在货物申报进口后才支付应税特许权使用费的，应当在每次支付特许权使用费后的 30 日内，向海关办理申报纳税手续。如果企业填报"否"，是否可能构成伪瞒报违法，或者申报不实违规的风险？

案例 28

简要情况

2018—2019 年，某企业以一般贸易方式向海关申报进口集成电路零件若干批次，同时，与境外供应商签订使用许可及技术援助协议。双方约定，根据生产成品电子模块零售净额 3% 计提特许权使用费，并每半年对外付汇一次，2 年间共计对外支付特许权使用费 6230 万元，均未向海关申报，被海关稽查发现，涉及少缴税款 320 万元。

案件处理

经海关稽查核实，当事人将上述批次的电子元器件申报进口时，未向海关申报特许权使用费，并将"与进口货物有关的特许权使用费支付"确认为"否"。海关认为，当事人的"否定性"确认，与实际情况不符，具有过错，构成申报不实的违规行为，将案件移交缉私部门处理。最终，海关对当事人作出行政处罚决定，处罚款110万元，信用等级降为失信企业。

重点剖析

1. 企业对外支付了特许权使用费，但与进口货物有关的特许权使用费支付情况申报为"否"，是否构成申报不实违规，一定移交缉私部门处理呢？

答案是否定的。企业对支付的特许权使用费性质是否与进口货物有关，如果判断上具有一定的客观难度，当事人填报为"否"，主观上并无过错。

2. 海关对企业未申报的特许权使用费，进行分摊补税，究竟补缴1年的税款，还是补缴3年的税款？

《海关法》第六十二条规定，违规案件海关追征3年税款，不构成违规的，海关只能在1年内补征税款。

风险提示

企业如果对外支付了特许权使用费，就应当谨慎判断支付的费用是否与进口货物有关，并作出"是"或者"否"的申报确认，否则，可能将被认定为申报不实违规，并移交缉私部门处理。如果海关对上述行为按照申报不实影响税款征收定性处理，可能对企业处以高额罚款，并降低其信用等级的处罚。笔者建议，企业发现这种情况后，应当及时向海关主动披露，争取补缴 1 年的税款，避免被移交缉私部门、予以行政处罚。

第二节　税务转让定价调查方法对海关审价的影响

在全球贸易中，跨国公司通过其全球供应链系统进出口大量货物。每宗一般贸易进口的货物，都需要向海关申报价格和缴纳税款。跨国公司为了获得更多的利润，降低税负，在各关联企业的业务往来中，通过税收筹划，运用各种方法进行合法避税。转让定价就是其中的一种重要方式。

转让定价是指跨国关联企业在转移货物、无形财产或提供服务等业务往来过程中，按照约定确定成交价格的一种定价方式。海关和税务，是货物进出口环节和国内流通环节的两个重要监管部门，均关注着跨国企业转让定价的相关安排，但因其职能不同，海关和税务对转让定价的关注侧重点各有不同。

海关总署税收征管局（京津、上海、广州）集中对全国海关的税收征管要素进行审核，海关对转让定价价格质疑的力度加大。如何有效地回应海关的质疑，如何从海关的关注视角进行有效举证，应是跨国企业税务和关务部门关注的重要内容。

下文从税务转让定价调查和海关审价的异同性出发，分析企业应对税务转让定价调查的方法以及适用于海关审价的可能性问题。

一、海关和税务都关注定价，各自着眼点不同

海关作为进出口货物的监管部门，着眼点是每票进口货物的进口税，因此每票进口货物的成交价格是其审价的重点。海关审查货物的申报价格是否合理，审查基础之一是货物的买卖双方之间是否存在特殊关系，或者买卖双方特殊关系是否影响成交价格。但如何知道跨国公司之间的交易是否符合一般商业惯例，或者说，海关如何确定货物的完税价格是否受到特殊关系影响，这是海关审价的核心。

税务部门的着眼点是企业的所得税税负，税务部门会从一个更长的时间段来关注关联交易的定价是否合理，关联交易是否遵循了独立交易原则，是否侵蚀了所得税税基。特别是"BEPS 行动计划"[①] 在国内落地后，基于"BEPS 行动计划"原则，税务部门更加关注跨国公司的利润，是否在它的价值创造上被课税。所以，转让定价调查的重点，是关联交易不当安排是否导致企业利润率水平偏低。

表 3-1 为海关和税务关注点差异。

表 3-1　海关和税务关注点差异表

项目	海关	税务
征税时段	每批货物进口时	年度
征税对象	进口货物成交价格	应税利润
申报载体	报关单证	关联交易申报表
关注风险	申报价格低/利润高/关税少	价格高/利润低/税收少

---

① Base Erosion and Profit Shifting，税基侵蚀和利润转移。BEPS 是指跨国企业利用国际税收规则存在的不足，以及各国税制差异和征管漏洞，最大限度地减少其全球总体的税负，甚至达到双重不征税的效果，造成对各国税基的侵蚀。

案例 29

简要情况

　　某汽车集团在全球多地设有相关的汽车生产、加工厂家，原有的交易链条是通过集团在华的一家进出口公司从海外的工厂进口整车，再直接销售给品牌经销商。后因战略需要，厂家不直接通过在华的进出口代理商进口整车销售给经销商，而是在华设立了全资子公司，由全资子公司担任车辆品牌的总经销商（以下称总经销商），向中国境内的分销商和门店销售相应品牌的汽车。变更前后的交易结构如图3-1所示。

变更前：

变更后：

图 3-1　变更前后的交易结构

由于在销售的链条中加入了总经销商，同时总经销商还承担了中国市场的品牌宣传拓展、分销商的销售目标制定、销售激励的措施，以及质量、售后的统一管理和控制等一系列职能，总经销商从集团整体的进口和销售链条中获取了对应的利润，降低了原有销售链条中进口环节的报关价格。海关对于特殊关系下母子公司进口汽车价格予以关注，要求企业就关联交易的情况进行说明，包括资料、陈述理由，以便进一步调查。

案件处理

经过沟通，总经销商的财务、税务和关务团队迅速和集团的关务和税务部门一起准备材料，对海关提出的价格质疑以及相关的要求作出了回应，向海关提交了以下材料。

1. 集团层面的转让定价的定价原则。

2. 集团层面的董事会决议。

3. 总经销商的审计报告。

4. 总经销商的销售价计算表和定价依据。

5. 同样架构下向亚洲和大洋洲其他国家出口的定价标准等文件。

以上这些向海关提供的材料，全面证明了价格的调整和短时期的波动是符合该汽车集团整体定价策略的，同时也参照了集团公司在其他成熟国家、市场的销售价格和交易模式。参照整体的定价策略，价格降低的幅度也在集团整体的定价政策允许的区间范围内，海外的集团公司并没有低于成本进行销售或是补贴中国境内的经销商；商业结构的调整使得总经销商的职能和规模迅速扩大，在华的整车销量在 2 年内迅速提高，虽然进口到中国境内的价格略有下降，但是产品在中国销量的迅速增长，也侧面佐证了价格相应调整在商业上的合理性。

企业提供资料并陈述相关意见后，海关接受了企业的说明，认可企业的转让定价原则符合一般商业惯例，特殊关系未对进口货物的成交价格产生影响。

重点剖析

1. 特殊关系是否会影响到定价？海关对于"特殊关系"是否影响进口价格申报会作重点关注吗？

当海关明确一票货物的进口属于特殊关系项下的交易，那么就需要着重审核这个特殊关系有没有对货物进口的价格产生影响，特别是如果产生了影响，会不会造成关税和进口环节代征增值税上的减少。

发现了相关的疑点，海关会提出对于价格的质疑，被质疑的进出口企业需要能够证明其成交价格符合公允价格标准，或者能证明独立第三方在同等条件下的成交价格基本是同样的价格，或者能证明其价格与相同或者类似产品的价格相同或相近。如果企业能提供以上的价格证明，可被认为特殊关系未对进口货物的成交价格产生影响。

通常来看，海关会对在进口申报中明确勾选了"特殊关系"的进口货物经营单位予以重点关注。在本案例中，前期境外的整车生产厂商是通过中国境内的进出口代理公司来进口车辆，并且直接向经销商销售，而后期由于战略构架的调整，境外的厂商直接在中国境内设立"中国投"类型的公司作为总经销商，负责整车业务在华的整体运营，包括进口整车、对整车进行市场推广、售前培训售后服务及质量控制等方面，在战略转变的前几年可能会产生一些亏损。集团的管理层考虑到平衡转让定价给税务层面带来的风险，调整整车的进口价格，整车进口的报关价格下降得非常明显。海关会对这些降价明显的进口批次重点关注。

2. 海关对于特殊关系影响下的审价考虑的主要判定因素是什么？在海关对价格产生质疑的时候，需要企业充分举证来说明价格的合理性。

海关对于企业之间的特殊关系是否对货物的进口价格造成了影响的判定，主要是审查企业是否符合公平交易原则和一般商业惯例。

在实践中，跨国公司一般按照既定的转让定价策略计算和约定交易的价格，跨国企业在制定定价规则时常常从财务核算和整体利润水平角度控制和考察定价的模式，一般都可以还原成"成本加成法"的定价模型。从出口方的角度来看，在出口的厂家计算完所有的成本费用后，根据其商业的安排和税务财务风险的控制安排，指定一个符合当地转让定价规则的成本加成率，并按该价格向其海外关联公司进行销售。海外的关联公司收到货物进行报关进口，整体上可以理解为是通过一种财务计算的方式来确定跨国交易的定价。

企业因交易架构和在华战略的调整而调整价格时，如需进一步扩大投资、增加在华企业投放量和关注属地消费者，为中国消费者提供更好的售后服务，培养年轻消费者的品牌意识等，需要向海关举证其调整符合常规商业调整和运作的规范，是公允的成本加成率；同时也要量化在架构调整后国内的进口商在本地化品牌市场拓展团队、销售团队以及质量控制团队的相应成本，作为架构调整后影响价格的商业因素。

风险提示

海关审价管理与税务部门对于转让定价的征管要求往往是有区别的。实务中经常出现的情况是：即使企业的转让定价方法被海关认可，根据该价格法确定的进口价格也不一定能得到海关的认可。在跨国公司国际贸易的安排中，产品相同但是交易价格不同（有的会出现波动）是常见的风险点。很多在华设立的合约生产商，由于承担的功能简单而获取非常低的回报，以低价向境外出口，货物到了境外的分销商手里，再以比较高的价格进口回来。这样的定价安排，即使从税务上看是合理的，也会因为同样、类似商品出现申报价格多变而不能证明其合理性，而面临海关价格调整的风险。

结合目前中国海关对转让定价审核趋势来看，海关正在逐步加强对于跨国公司价格申报受特殊关系影响时的审查力度，从定价方法、价格波动、利润波动、特殊因素影响、交易环境的测试、价格调整等多个方面进行审核，同时在多个地区开展专项针对转让定价的常规性核查，以敦促企业提高遵从度，充分重视价格申报的合规性。

二、海关和税务都审核交易价格，审核方法异曲同工

由于征税的时段和课税的税基不同，海关的价格审查方法主要从进口的每票货物本身着眼，5 种审价方法（相同货物成交价格估价方法、类似货物成交价格估价方法、倒扣价格估价方法、计算价格估价方法、合理方法）依次序使用，只有在前序方法无法适用的情况下，才适用后面的方法。

税务部门更多关注企业整体利润，因此营业利润率、完全成本加成率、贝里比率、成本加成率、毛利率、资产回报率、投资回报率等财务指标反映出的定价模式以及财务指标被运用在转让定价的可比性分析中，作为定价方法被广泛使用。

海关和税务两个部门审定价格/定价的方法，原理相似的有 3 组，见表3-2。

表 3-2　海关和税务审价原理相似的方法

组别	海关估价方法	税务
第一组	相同/类似货物成交价格估价方法	可比非受控价格法
第二组	倒扣价格法	再销售价格法
第三组	计算价格法	成本加成法

在大部分的关联交易中，因为知识产权等因素影响，使得市场上很难找到完全相同或者类似的货物，因此海关往往按审价调整方法依序使用倒扣价格法来审价。再销售价格法涉及的毛利润包含了营业利润与营业费用，与海关使用倒扣价格法审价在计算方法上异曲同工。

税务机关确定转让定价适用的利润分割法、交易净利润法，虽然在海关没有直接对应的方法，但一定意义上可以看作《海关审价办法》中规定的"合理方法"。

案例 30①

简要情况

　　位于 I 国的某奢侈品本地总经销商（以下简称总经销商）主营奢侈品包销售业务。总经销商作为唯一进口商，从境外关联方奢侈品销售母公司进口奢侈品包，然后直接在 I 国销售给终端客户，并且奢侈品销售母公司没有向总经销商以外的其他第三方公司销售相同或类似的商品。总经销商的转让定价政策显示，所有奢侈品包的进口价格是根据《OECD 跨国企业和税收管理最新转让定价指南》（*OECD Transfer Pricing Guidelines for Multinational Enterprises and Tax Administrations*）使用再销售价格法制定的，即总经销商根据在 I 国的建议销售价格，扣除其预计毛利和进口关税来确定奢侈品包的进口价格。

　　每年年末，总经销商根据母公司的建议，预估下一年度进口奢侈品包的转售价格及预期毛利率。2012 年，总经销商确定预期的毛利率后，根据再销售价格法计算公式得出进口奢侈品包的进口价格：进口价格 = 预期转售价格 × （1−预期毛利率）÷（1+税率）。

　　总经销商并未根据《海关估价协定》② 第 1.2（b）和（c）条款举证测试价格，但是总经销商提交了一份转让定价报告，使用再销售价格法将总经销商的毛利率与可比公司在非关联交易（可比非受控交

　　① 选自 2017 年 10 月 WCO 估价委员会发布的"根据 WTO 估价协议条款 1.2（a）使用转让定价文档审查关联方交易"中的案例研究 14.2。
　　② WTO《关于实施〈GATT1994〉第 7 条的协定》（*Agreement on Implementation of Article VII of the General Agreement on Tarriffs and Trade* 1994），又称《*WTO 海关估价协定*》（*The WTO Customs Valuation Agreement*），以下简称《海关估价协定》。

易）中的毛利率进行比较。该转让定价报告是由一家独立事务所依照《OECD 跨国企业和税收管理最新转让定价指南》做出的。

转让定价报告显示，总经销商 2012 年关联交易的毛利率为 64%，由 8 家可比非关联公司的可比数据得出的四分位区间为 35% ~ 46%，中位值为 43%。

2013 年，因对总经销商的申报价格存在质疑，I 国海关对总经销商申报的进口价格进行审核。

案件处理

I 国海关在价格审核过程中发现，由于总经销商没有提供相应的测试价格，海关适用的方法是根据《海关估价协定》审查销售环境，以确定特殊关系是否影响成交价格。海关运用"再销售法"审核相关企业的销售环境时，将该企业与可比企业的毛利率进行对比，可以说明申报价格的制定是否与所涉产业的正常定价惯例相一致。而总经销商提供的转让定价报告显示，总经销商不拥有任何高价值的、独特的无形资产的能力，并且转让定价报告中的功能风险分析显示选取的位于 I 国的 8 家可比非关联公司均自 X 国进口可比产品、承担类似功能及类似风险，且与总经销商一样，不拥有任何高价值的无形资产。

经过对转让定价报告的分析，I 国海关认为总经销商的进口价格不符合一般商业惯例，受到了特殊关系的影响，不符合独立交易原则。

I 国海关根据《海关估价协定》第 1.2（a）条款，通过审核转让定价报告，对总经销商与母公司的交易开展销售环境审查后，得出以下结论：进口申报价格的制定与行业内正常定价惯例不一致，受到买卖双方特殊关系影响。由此，完税价格应依次使用其他估价方法予以确定。

重点剖析

1. 该案例是 2017 年转让定价如何适用于海关审价的典型案例。近年来，海关在进行特殊关系下的审价调查时，会要求企业提供转让定价文档报告。转让定价文档报告是如何成为海关审价所需要的文件，又如何被海关使用呢？

按照税务要求准备的转让定价文档通常包括企业的营业状况、主要的经营范围，主要的产品、竞争对手和行业介绍，以及对企业的关联交易政策、关联交易的可比性分析作具体的披露。海关和税务机关都在关注企业的关联定价政策是否公允，海关关注的侧重点在于进出口货物的交易中定价是否公允合理，以及是否会影响到进口环节的关税和增值税。从这个角度看，转让定价的文档对于海关做特殊关系下的价格审核是非常有帮助的。

2. 海关审价的方法都有哪些？转让定价文档中披露的转让定价调整方法是否会对海关审价方法的运用有帮助？

进口货物的成交价格不符合《海关审价办法》规定的，或者成交价格不能确定的，海关经了解有关情况，并且与企业进行价格磋商后，会依次用下列方法审查确定货物的完税价格：（1）相同货物成交价格估价方法；（2）类似货物成交价格估价方法；（3）倒扣价格估价方法；（4）计算价格估价方法；（5）合理方法。相关企业向海关提供有关资料后，可以提出申请，颠倒第（3）项和第（4）项的适用次序。

企业与海关的价格磋商过程中，如果企业能提供材料证明其向关联方和非关联方同时销售了同一产品，实施的同一个价格，那么就能从内部转让定价政策实施的角度去证实交易价格的公允性，但这样的情况并不多见。这个时候海关会倾向于让企业提供同类型产品竞争对手的价格情况，或者是同期同类产品行业研究和国际市场价格的分析报告。如海关提出相关要求，笔者建议企业积极响应，配合海关寻找相关定价的依据；如果从公开的信息和行业研究报告中找到能够支撑企业的定价方案和结论的对应产品和价格，那么海关采信并认可企业在关联交易下的定价的几率就比较大。

3. 该案例中，海关对于"销售环境"的测试运用到了企业提交的转让定价报告以及可比分析的内容，同时也做了大量的案头工作，由此可见，海关会从很多的其他因素中找寻信息来测试销售环境对于价格的影响，企业要针对海关的要求充分举证。

对于销售环境的测试和运用，世界海关组织的估价技术委员会在2010年10月发布的《运用转让定价报告对〈协定〉条款1.2（a）中"销售环境"进行审查的研究意见》中指出，对于是否可以适用转让定价报告作为审查销售环境的基础，应该根据个案情况具体问题具体分析。实际上，进口厂商提供的任何相关信息及文件资料都可以用于审查销售环境，而转让定价报告只是其中一种。

在该案例中，海关运用了转让定价报告中披露的可比性分析的信息，在分析的过程中认可了转让定价报告中可比公司的选择，进一步还原了可比公司的销售毛利率，由于进口商的毛利率补偿高于可比的四分位区间，从而得出了特殊关系确实影响到了进口价格的结论。除了企业提供的转让定价报告外，海关也进行了全面的分析和梳理，包括产品差异性、相关企业的功能、产品原产地、具体商流安排等方面，而不是单单基于转让定价报告作出结论，海关对其他因素的关注和审查，也是企业应对的切入点。

风险提示

　　近些年来，海关对特殊关系下价格的核查和审定的工作越来越常态化，企业为税务合规所准备的转让定价文档已经成为海关要求提供的资料之一。跨国公司在准备转让定价文档时只考虑税务上对于转让定价核查风险的传统做法需要调整。在税务和海关两个监管部门都会就相关的文档进行审核的大背景下，跨国公司应当对关联关系下的海关审价给予充分的重视，尽可能在一份转让定价的资料中平衡两个监管部门的要求，达到防范税务和海关合规风险的目的。

三、海关和税务都依托"大数据"系统，但数据库来源不同

　　海关大数据的主要来源为进出口报关数据库，以及海关价格部门使用的商品国际市场价格资料，同时海关也会要求企业提供相关交易和财务数据。海关利用上述大数据，结合企业的具体数据，运用统计学"四分位法"进行比对，分析企业申报价格数据的合理性。

　　税务部门在进行转让定价审查时，较多使用财经类国际商用数据库（税务部门目前比较认可的是 BvD 数据库）的大数据进行可比分析，选定可比公司加以数据采集并使用统计的"四分位法"确定可比的利润率范围，按照转让定价的规则最终确定关联交易定价是否符合独立交易原则。

四、税务转让定价文档作为海关审价参考的可能性

世界海关组织海关估价技术委员会（Technical Committee on Customs Valuation，TCCV）发布过两个转让定价文档资料用于海关审价参考的案例。

在世界海关组织发布的案例 14.1 中，使用了"交易净利润法"确定。关联交易的进口方作为境外关联方在境内的独家经销商，无法提供测试价格。海关在开展环境审查时参考了转让定价文档资料，并最终作出价格未受关联关系影响的结论。

在世界海关组织发布的案例 14.2 中，关联交易的进口方无法提供测试价格，海关开展销售环境审查。使用再销售定价法的企业，以转让定价同期资料为基础，海关将该企业与可比企业的毛利率进行对比，可以说明申报价格的制定是否与所涉产业的正常定价惯例相一致。

这两个案例佐证了转让定价文档在海关估价中的重要作用，也展示了看到转让定价"交易净利润法"作为海关估价"合理方法"适用的可能性。

五、企业如何协调兼顾税务转让定价调查和海关审价

企业生产、购销、财务和关联交易等信息是海关和税务审核过程中都需要的基本资料。企业为税务目的而设置的转让定价安排及其相应准备的转让定价资料，如果要得到海关的认可，还需要一个符合海关审价视角的"转化"过程。

例如，某汽车零配件企业从关联方进口同一种类的原材料零件，部分用于生产，部分直接用于市场销售。企业用于生产的部分，以供货的关联公司"成本加成法"定价；直接用于销售的部分，使用"再销售价格法"来确定进口价格。这两种价格确定的方法只要符合独立交易原则（Arm's Length Principle），从税务的角度来说都是可被接受的。

但从海关的视角来看，海关监管的对象是货物，若同一种货物从同一个公司进口，有两个不同的进口价格，企业无法提供可供测试比对的价格，但企业可以通过提供转让定价报告来证明其价格的合理性。企业将转让定价报告的资

料"转化"为海关审查成交价格合理性所需要的参考资料和证据，海关根据《海关估价协定》"围绕销售环境进行审查"，以及《海关审价办法》"海关经对与货物销售有关的情况进行审查，认为符合一般商业惯例的，可以确定特殊关系未对进口货物的成交价格产生影响"进行审查。

上述"转化"给了企业通过运用提交给税务的资料来向海关证明转让定价安排的合理性和可能性。提交给海关的审价资料不仅需要符合海关的征管习惯，而且需要具体考虑到企业价值链上的不同职能安排、定价稳定性、连续性等因素。有些企业在本地文档准备中仅强调其境内销售整体利润率符合独立交易原则，而忽视了关联进口环节的海关审价方面的风险。

所以，不管是在政策层面还是在实际执行层面，企业在准备各项转让定价同期资料，完善价值链中各环节的职能风险分析的同时，需要防范关联交易可能存在的海关审价风险。

第三节　商品归类引发的纳税争议

不同的人，不同的机构，对同一商品的归类，因技术差异会有不同的归类结果，这就是所谓商品归类争议。

商品归类问题，除了纳税争议之外，还可能涉及行政处罚。有些归类争议，海关不但据此认定企业归类错误，还会将其移交缉私部门处理，同时责令企业补缴税款，这也是进出口贸易合规风险的重点，将在其他章节详述。下文从3个不同的角度，结合案例，介绍如何应对归类纳税争议。

一、归类纳税争议中海关最终认可企业的归类意见

企业向海关申报的商品编码，如果海关认为归类存在问题，将会对此提出归类质疑。面对海关归类质疑，企业应当积极应对，对本企业申报进出口的商品予以详细、客观的说明，并就归类理由提交书面文件。

对具有归类疑难问题的商品，如果企业提出的归类理由能够说服海关，其申报的商品编码就有可能被海关接受和认可，但出现这种情况的几率相对较小。

案例 31

简要情况

某公司进口商场用电子防盗装置，该产品的工作原理是通电发出声磁波并在一定范围内形成磁场，当配套使用的硬标签进入磁场范围内，将产生共振信号，装置支座接收信号并传给系统主机，由主机发出指令使报警装置发出报警信号。企业申报的商品编码是 85319010（关税税率为 0%），现场海关对企业申报的商品编码提出质疑，建议归入 85311000（关税税率为 10%），并认为企业的申报行为构成归类申报不实违规，直接将案件线索移交缉私部门处理。

案件处理

根据《关于商品归类磋商与质疑程序》（海关总署公告 2007 年第 51 号）的规定，企业提出归类异议，并约见缉私部门办案人员当面阐述产品说明和归类理由。同时，请求现场海关向直属海关关税处提出归类复核，直属海关归类主管部门审核后认为，该商品正确的商品编码应当是 85319010，与企业申报的商品编码一致。受案的缉私部门遂将案件线索退回现场海关，现场海关对企业申报商品予以通关放行，该企业继续按该商品编码向海关申报。

重点剖析

1. 分析研究涉案商品的归类技术是解决归类争议的关键。

本案企业以涉案商品的结构、功能和用途为基础，结合《中华人民共和国进出口税则》（以下简称《税则》）条文和子目注释，从正反两方面（企业申报的商品编码和海关建议的商品编码）分析说明涉案商品的正确归类意见，并出具书面的归类理由和依据，主张企业申报的商品编码的正确性，说明海关归类意见的理由为何不充分。最终企业的归类意见得到了海关的认可。

2. 请求上级海关的归类复核是归类磋商技术的要点。

现场海关的归类建议与企业归类意见存在明确冲突，并且没有调和余地时，企业向现场海关提出请求上级海关进行归类复核（海关归类问答）是归类磋商技术的要领。当然，向上一级海关归类专业机构提出归类问答，是海关内部的商品归类审核程序，企业的归类复核申请并不是法定的磋商程序，但鉴于大多数现场海关执法时并不希望留下隐患和矛盾，企业提出归类复核请求时，现场海关在多数情况下是会许可的。上级海关专业机构作出的归类复核意见，通常也会比较客观和公正，有利于归类争议问题的解决。

3. 关企归类磋商贯穿于归类争议的全过程。

本案中现场海关认为，企业归类申报错误已构成申报不实违规，并将案件线索移交缉私部门立案处理，但经归类磋商，缉私部门作出了不立案的决定，说明归类磋商可以贯穿于归类争议的全过程，无论是在海关质疑阶段，还是在缉私处理阶段，都可以运用归类磋商技术。

在海关提出归类建议时，企业可以与海关进行归类磋商。若案件线索已移交缉私部门处理，企业也可以与缉私部门进行归类磋商。即便海关作出行政处罚告知，企业还可以通过申辩、听证程序，主张其归类意见。如果企业不服海关作出的归类申报不实的行政处罚决定，可以提出行政复议，与海关再进行归类磋商，主张其归类意见。

风险提示

对企业来说，并非海关所有的归类质疑都要去"反对"，如果企业认为确实是自己把商品编码搞错了，直接认错或者主动披露是更好的选择，争取 1 年内补税。对那些企业认为自己申报没有错误，而且对企业影响较大的归类案例，企业可以予以坚持，进入归类磋商、复议程序。

二、技术性归类差错，在 1 年内补缴税款

企业申报的商品编码，如果在归类磋商过程中，最后不被海关接受和认可，海关决定对涉案商品归入另一个商品编码，但该商品归类属于归类疑难问题，企业申报错误属于技术性归类差错，则该争议案件不会被移交缉私部门作进一步处理，海关将直接予以删改报关单，或者让企业补缴 1 年内的漏缴税款。

案例 32

简要情况

某公司向海关申报进口数字阀门控制器（DVC），该产品属于可编程序控制装置，申报商品编码为 8537。海关稽查认为，根据阀门流量变化自动控制阀门大小，涉案商品属于"自动控制装置"，应当归入 9032。企业对海关的归类意见不予认可，与海关之间发生归类争议。

企业与海关多次沟通和磋商，双方各执己见，没有达成共识，最终，企业申请将该商品的归类问题提交海关总署予以审核确定。

案件处理

海关将涉案商品提交海关总署归类机构，并申请归类问答。海关总署经研究认为，该商品编码既不是 8537，也不是 9032，由于该装置具有将电信号转化成气体信号，并驱动阀门的功能，应当将其作为气动执行装置的零件归入 8412。

因该商品归类问题提交到归类技术委员会讨论决定，根据海关总署相关文件规定，属于商品归类疑难问题，企业对该商品归类申报错误，属于技术性归类差错，不构成归类申报不实的违法行为，海关责令企业补缴 1 年的差额税款，稽查结案。

重点剖析

1. 归类错误，移交或者不移交缉私部门的标准是什么？

有的商品归类错误，移交缉私部门处理；有的商品归类错误，不移交缉私部门，海关直接予以删改报关单重新申报，或者责令企业补缴两个商品编码的差额税款。那么，在移交与不移交之间，主要标准是什么？

根据海关执法文件和执法实践，涉案商品归类如果属于明确的商品归类事项，例如《税则》条文列名的商品、《进出口税则商品及品目注释》（以下简称《品目注释》）列举的商品、海关归类决定和作出归类预裁定的商品等，企业将上述商品归类错误，在主观上具有一定的过错，构成归类申报不实违规，予以行政处罚。

但是，如果涉案商品不属于明确的商品归类事项，是商品归类疑难问题。例如，提交海关总署归类技术委员会讨论决定的，不同海关对同一商品认定不同商品编码的，海关受理企业归类预裁定申请的，或者商品行业协会对该商品有不同归类意见的等，均可以说明该商品是不明确的商品归类事项，商品归类错误属于技术性归类差错，不应当移交缉私处理。

2. 归类错误，补缴 1 年税款还是补缴 3 年税款？

本案海关稽查结论中，责令企业补缴稽查通知之前 1 年内所漏的税款，企业按照海关要求缴税入库。但也有海关对企业归类错误，责令其补缴稽查之前 3 年内所漏的税款的情况。上述两种做法，哪个更有理由？

《海关法》第六十二条规定，"进出口货物、进出境物品放行后，海关发现少征或者漏征税款，应当自缴纳税款或者货物、物品放行之日起一年内，向纳税义务人补征。因纳税义务人违反规定而造成的少征或者漏征，海关在三年以内可以追征。"所以，企业申报商品编码构成违规的，追征3年税款，企业申报商品编码错误，但未构成申报不实违规的，只能责令补缴1年税款。

三、商品编码申报不实违规，海关在3年内追征税款

明确的商品归类事项，进出口企业应当申报正确而未正确申报的，构成申报不实违规，这种情况依法应当在3年内追征所漏税款。判断涉案商品编码是否为"明确的商品归类事项"，是归类纳税争议案件的焦点、核心问题。

案例 33

简要情况

海关对某公司专项稽查时发现，2015年3月—2016年6月，该公司以一般贸易方式向海关申报进口40票塑身机，申报商品编码均为95069119（其他健身及康复器械），协定关税税率为0%，海关稽查结论认为该项商品应归入商品编码90191010（按摩器具），进口关税税率为15%，商品编码申报错误，涉嫌漏缴税款约380万元。

案件处理

海关稽查审核认为，该公司申报进口的塑身机属于按摩器具，是《税则》条文明确列名的商品归类事项，商品编码为 90191010。根据相关规定，当事人对明确的商品归类事项申报错误，构成归类申报不实违规行为。但鉴于海关在该商品进口时，进行了多次查验核对归类，对企业归类申报予以实质性审核并认可，构成信赖保护，对企业的申报不实违规行为不予行政处罚，但应当追征 3 年税款及滞纳金，共计约 380 万元。企业不服上述不予行政处罚并追征 3 年税款的决定，向海关提出复议。

海关总署经复议认为，涉案商品税号属于归类疑难问题，企业申报错误不具有主观过错，不构成违规违法，仅补缴 1 年税款即可。

重点剖析

1. 本案争议的核心问题是，涉案商品是否为明确的商品归类事项，如果属于明确的归类事项，该公司申报错误，则构成违规，应当追征 3 年税款；如果不属于明确的归类事项，该公司即便商品编码申报错误，也只是技术性归类差错，不构成申报不实的违规行为，只能补征 1 年税款。

2. 涉案商品是否为明确的归类事项，关键在于该商品是否为《税则》条文列名的商品，海关认为涉案商品是"按摩器具"，"按摩器具"属于《税则》条文 90191010 和《品目注释》9019 列名的商品范围，即属于明确的商品归类事项。

3. 涉案商品是海关认定的"按摩器具",还是企业申报的"健身器械"? 针对这个问题,笔者认为,应当根据商品功能、结构和用途而定。

在行政复议过程中,该公司申请由中国医药保健品商会按摩器具分会作专业鉴定,并出具专业意见书,该意见书认为根据按摩器具的行业标准,涉案商品不属于按摩器具的商品范畴;同时,该公司申请中国文教体育用品协会出具专业意见,后者认为涉案商品的结构、原理和功能符合国家标准《GB 17498.1—2008 固定式健身器材　第1部分:通用安全要求和试验方法》对于健身器材的相关描述。

据此,该公司认为,海关认定涉案商品属于"按摩器具",缺乏充分依据,涉案商品不属于《税则》条文或者《品目注释》列名的商品范围,应属于归类疑难问题。企业申报错误属于技术性归类差错,不应当认为构成归类申报不实违规,根据《海关法》第六十二条,只能要求其补征1年税款,而不能追征3年税款。

风险提示

本案因海关多次查验涉案商品的归类,但未发现归类错误,海关遂对当事人作出不罚款决定,即不予行政处罚决定。这里,"不予行政处罚"的法律性质,属于认定当事人构成违规违法,但因情节轻微,不罚款,与"不构成违规违法"的行为有本质区别。如果被认定构成违法,但情节轻微不处罚,其性质还是违规违法的,要补缴3年税款;如果是涉及出口退税的案件,海关还要通报国税局,追缴3年多退的税款；如果海关不立案处理，或者作撤案处理，则完全不构成违法，只补 1 年税款。

所以，"不予行政处罚"与"不构成违规违法"有本质的不同，应当注意区分。

第四节　其他纳税争议

海关验估和稽核补税方面，最重要的是进口货物价格，海关每年在转让定价和特许权使用费领域对企业补征税款情况，占海关补税的绝大多数。除此之外，在运费和保险费用、卖方佣金以及公式定价等方面也常常发生纳税争议。

一、卖方佣金未向海关申报

在《海关审价办法》中，"卖方佣金未向海关申报"涉及 3 种费用，分别是购货佣金（买方佣金）、除购货佣金以外的佣金（卖方佣金）、经纪费。在这 3 种费用中，由买方支付的卖方佣金和经济费应作为成交价格的调整项目。但在实际贸易活动中，买家佣金、卖家佣金或者经纪费的区分并不是泾渭分明的，是否作为买方应付、实付的费用计入完税价格是纳税的焦点问题。

案例 34

简要情况

某汽车进出口公司（以下简称 A 公司）向境外某汽车代理商购买并进口某品牌汽车 2000 辆，A 公司除向供应商支付每辆 4.8 万美元的 CIF 价格外，另需向中间人支付每辆 5000 美元的介绍费，但这部分介绍费没有向海关申报纳税，受到海关稽查。

案件处理

海关稽查认为，A 公司对外支付的每辆 5000 美元的介绍费，属于卖方佣金，是货物成交价格的一部分，依法应当计入完税价格，补缴税款。但是，A 公司认为，这笔中间介绍费是支付给国内中间人的费用，属于买方佣金，不应当计入完税价格。经双方磋商，海关最终将部分的佣金作为卖方佣金计入完税价格，责令当事人补税结案。

重点剖析

1. 佣金是否应征税？

卖方佣金，是境外供应商为了销售货物而应付的介绍费，属于销售成本，是货物成交价格的一部分，即便这部分费用由买方在货款之外另行支付，也应当算作货物价款的一部分，计入完税价格；而买方佣金，是境内收货人为了购买货物而支付的介绍费，属于购货成本，但与卖方或者成交价格无关，不应当计入完税价格。

2. 是买方佣金还是卖方佣金？

本案当事人支付的介绍费，是给境内中间人的，形式上看，似乎属于买方佣金。但事实上，本案中间人收取的上述介绍费用，其中一半是支付给了境外中间人，境外中间人是为卖方服务的咨询机构，属于卖方佣金。所以，本案当事人支付的每辆 5000 美元的介绍费，其中一半属于卖方佣金，应计入完税价格，一半属于买方佣金，不应计入完税价格。

风险提示

由买方直接支付的卖方佣金，买方应当向海关如实申报。如果故意隐瞒不报，甚至从财务上制作虚假账册，逃避海关监管；应报未报，或者费用从地下钱庄等非法的渠道对外支付，将涉嫌低瞒报价格的走私普通货物罪，可能会被作为刑事案件立案查处，合规风险极大，应当予以特别注意。

二、公式定价低报价格

公式定价是指，买卖双方约定，以将来某时间节点的公开市场价格为基础，根据一定的计算公式推算货物成交价格。在这种情况下，常常货物进口申报时成交价格条件尚未成就，没有实际成交价格。企业用以往的成交价格，或者大约估算的价格向海关申报，并向海关备案公式定价成交的情况，待实际成交价格确定之后，再向海关申报纳税。如果企业不向海关备案公式定价的情况，海关发现之后，常常发生纳税争议。

案例 35

简要情况

　　某公司与国外供货商签订购买苯的合同，约定按新加坡普氏公布的 2014 年 3 月、4 月每周五 FOB 韩国平均价格，再加 32 美元/吨作为进口单价。货物进口时，因价格尚未确定，当事人以暂定价 1230 美元/吨签订进口合同，并向海关申报进口了两票苯。

　　5 月 22 日，某公司与外商签订公式定价补充协议，根据公式确定上述两票货物的实际成交价格分别为 1333.54 美元/吨和 1304.3 美元/吨。

案件处理

　　上述货物实际成交价格按照公式确定后，该公司向海关主动披露了实际价格，并申请补缴税款，但海关核查认为该公司申报进口时没有说明公式定价的具体情况，涉嫌价格申报不实，应当移交缉私部门处理。经企业与海关多次磋商，海关最终同意不构成价格申报不实，对该公司补税结案。

重点剖析

　　公式定价，是大宗货物贸易的一种常用定价方式，主要为了防止价格波动给贸易商带来风险。采取公式定价方式确定成交价格的，货物进口申报时，实际成交价格尚未确定，企业临时采取前期价格申报，但应当向海关说明情况，或者交保放行。

风险提示▶

公式定价，向海关申报价格时，实际成交价格尚未确定，一般用前期的成交价格先向海关申报，事后多退少补，但应向海关说明情况，如未说明情况，可能会涉嫌违规。

第四章

缉私与稽查的法律风险

第一节　走私犯罪

一说起走私犯罪，很多人首先联想到的是，月黑风高的夜晚，走私分子携带武器，穷凶极恶地驾驶船舶在海上将境外的货物偷运进境内。其实，海上偷运走私仅仅是走私行为中的一种方式，现实中大量的走私案件发生在通关环节。那么怎么判断一种行为是否为走私行为，进而可能构成走私犯罪呢?

《海关法》规定，走私行为，是指违反法律法规的规定，逃避海关监管，偷逃应纳税款，逃避国家有关进出境的禁止性或者限制性管理的行为。根据这一定义，走私行为具有违法性、隐蔽性和危害性3个特征。违法性即违反海关法及有关法律、法规规定；隐蔽性即实施了伪报、瞒报等逃避海关监管的行为；危害性即造成了偷逃税款或逃避国家贸易管制的后果。

很多企业认为，在进出口业务中，即便其存在一些不规范的问题，也不至于构成走私犯罪；再者，行业内普遍存在的问题，又不止其一家有，即使缉私部门调查，被查到的几率也很小。正是以上的错误想法导致企业在被调查时措手不及，甚至在被采取强制措施后，企业负责人仍然认识不到其行为的违法性和严重性。

一、行业性出借许可证进口固体废物，是犯罪吗

仔细观察和研究近年来海关查获的案件，就会发现很多违法犯罪行为都是特定行业内的"潜规则"，甚至很多人都充分意识到打"擦边球"的风险，但在案发前，普遍存在着"法不责众"的心理，例如前文提到的低报价格走私案件，但这种想法是完全错误的。

案例 36

简要情况

乙公司是具有环保资质的废塑料加工利用企业，2013—2017年，每年获批废塑料进口许可证 2 万吨。甲公司无环评资质，无法申领许可证，但甲公司法定代表人李某与乙公司法定代表人张某私人关系密切，2016 年为帮助甲公司进口废塑料，乙公司法定代表人张某将许可证出借给甲公司，共进口废塑料 380 吨，甲公司向乙公司支付 500 元/吨。2019 年，张某、李某等人因涉嫌走私废物罪被刑事拘留，后被逮捕。

案件处理

人民法院经审理后认为，甲公司明知进口固体废物必需 "进口固体废物许可证"，为牟取非法利益，在其无环评资质，无法申领许可证的情况下，借用乙公司许可证并以乙公司名义进口废塑料，情节特别严重，依法应认定为走私废物罪。乙公司为牟取非法利益，逃避海关监管，将只能自己使用的许可证出借给甲公司使用，其行为已构成走私废物罪；在参与走私废物罪的共同犯罪中，乙公司提供许可证帮助甲公司走私，所起作用次要，依法予以减轻处罚。最终法院判决，分别对甲、乙两公司判处罚金，对李某、张某等人分别判处 5 年 6 个月不等的刑罚。

重点剖析

《固体废物进口管理办法》等法律法规规定，固体废物加工利用企业申请下一年度的许可证时，作为考量标准之一，需提交上一年度的实际进口量。因此，拥有环保资质、取得许可证但没有足量进口固体废物的企业，即便没有直接经济利益的考虑，也存在为下一年度继续取得相应数量的许可证而出借的行为。

本案中，乙公司出借其许可证，一方面是基于上述原因，将自己剩余的许可证进口固体废物额度转借给甲公司，并赚取每吨 500 元的利益；另一方面，以乙公司名义和许可证进口后缴纳的增值税，可以在国内环节抵扣乙公司在国内销售的下一环节增值税，对乙公司来说，这属于"一举两得"的事情。

《两高关于办理走私刑事案件适用法律若干问题的解释》第二十一条第三款规定，租用、借用或者使用购买的他人许可证，进出口国家限制进出口的货物、物品的，分别依照刑法第一百五十一条、第一百五十二条的规定，以走私国家禁止进出口的货物、物品罪等罪名定罪处罚。

尽管司法解释没有明文规定对出借许可证的打击行为，但是《刑法》第一百五十六条规定，"与走私罪犯通谋，为其提供贷款、资金、账号、发票、证明，或者为其提供运输、保管、邮寄或者其他方便的，以走私罪的共犯论处"。

可见，立法者用明文规定的方式，首要打击的是没有合法的环保资质却租用、借用或使用他人许可证进口固体废物的行为，而对具备合法环保资质的加工利用企业出借许可证行为，认定相关当事人为"帮助犯"加以惩罚。因此，从司法角度来看，对有环保资质加工利用企业违法行为的处理，要明显轻于无合法环保资质、无许可证而使用他人许可证的行为，这也符合走私废物罪所保护的法益，即海关监管秩序和生态环境保护。

风险提示

本案是一例非常典型的借用与出借许可证，从而以表面合法的形式逃避海关监管的案例。

在进出口业务中，部分行业存在"潜规则"，此前一定时期，固体废物加工利用行业中出借许可证的现象就非常普遍。然而，行业内一直这样操作，并不意味着"法不责众"，更不意味着操作方式本身合法。

近年来，国家逐步全面禁止进口固体废物，海关、环保等监管部门对走私废物的打击力度持续加大，尤其以"蓝天行动"为代表，每年都破获大量的案件，那么对以往行业内借用与出借许可证的乱象是不是就不追查了呢？答案当然是否定的。同时，本案的判决也给存在类似情况的其他行业敲响了警钟，相关的进出口企业对此必须有强烈的风险意识，充分做好合规工作，对行业性的违规、"擦边球"行为提高警惕，不能有任何侥幸心理。

二、普通工作人员涉嫌走私犯罪，该怎么办

近年来，公司普通工作人员涉嫌走私犯罪的案件屡见不鲜。很多进出口企业的工作人员，往往缺乏必要的专业知识和合规意识，在被采取强制措施后才追悔莫及。如果公司构成走私犯罪，是否意味着相关工作人员也构成犯罪呢？遇到这种情况应该怎么办？

案例 37

简要情况

2015—2018 年，天津甲公司涉嫌从某边境地区，利用边民互市贸易政策、伪报贸易方式，走私进口厄瓜多尔海虾等海产品。甲公司中，张某、李某为股东，其中张某担任董事长、法定代表人，李某担任总经理，因张某身体不好，故委托其信任的王某担任副总经理，并长期负责企业经营，公司下设采购部、财务部、销售部等业务部门。

犯罪嫌疑人小李系李某之子，大学毕业后因一直未找到工作，就到甲公司帮忙，其主要工作是按照王某的指示收款和付款，不参与业务经营。案发当日，张某、李某、王某均被刑事拘留，小李在国外参加培训。案发后，小李经海关通知，主动回国投案。

案件处理

笔者经全面仔细分析、调查取证后认为，在甲公司未给小李缴纳社保的情况下，小李作为公司的临时工作人员，其身份是兼职出纳，尽管本案涉嫌走私的大部分款项都通过小李来操作，但小李对该公司

的业务并不熟悉，对公司涉嫌走私的情况并不了解，因此其不构成犯罪。基于此，笔者向侦查机关提出了无罪的律师意见，经调查取证和反复沟通，侦查机关最终接受了律师意见，最终未将小李移送审查起诉。

重点剖析

《刑法》第三十一条规定了单位犯罪的处罚原则，即"单位犯罪的，对单位判处罚金，并对其直接负责的主管人员和其他直接责任人员判处刑罚。本法分则和其他法律另有规定的，依照规定"。但是，对"直接负责的主管人员""其他直接责任人员"，法律并未作出详细的规定。

《全国法院审理金融犯罪案件工作座谈会纪要》（法〔2001〕8号，以下简称《纪要》）提出："直接负责的主管人员，是在单位实施的犯罪中起决定、批准、授意、纵容、指挥等作用的人员，一般是单位的主管负责人，包括法定代表人。其他直接责任人员，是在单位犯罪中具体实施犯罪并起较大作用的人员，既可以是单位的经营管理人员，也可以是单位的职工，包括聘任、雇佣的人员。"同时《纪要》又规定："应当注意的是，在单位犯罪中，对于受单位领导指派或奉命而参与实施了一定犯罪行为的人员，一般不宜作为直接责任人员追究刑事责任。"

如上所述，《纪要》虽然在概念上对单位犯罪的"直接负责的主管人员""其他直接责任人员"作出解释，但《纪要》层级较低，且存在很多难以避免的"漏洞"，如"一般不宜"的原则性表述就难以把握。在司法实践中，各地司法机关的理解不一，对不同案件的具体办理情况不同，甚至对同一类型案件的不同当事人的处理也存在很大差异。本案的关键点在于，笔者从社保记录中找到原来甲公司一直未给小甲缴纳社保，从而在身份问题上为小甲争取了有利条件，并且最大限度地还原了事实情况，从而侦查机关接受无罪辩护意见。

风险提示

当前我国已成为世界货物贸易第一大国，随着对外贸易的快速发展，进出口业务迅猛发展，如果相关工作人员对海关法律法规不熟悉、不重视，对具体业务疏忽大意，抱着"法不责众"的心理"打擦边球"，那么出现违法甚至犯罪问题的几率很大。此外，法律对单位犯罪相关责任人员的规定不甚清晰、司法实践中各地司法部门执法的不统一等因素，也加大了进出口企业普通员工面临的走私犯罪法律风险，必须引起高度重视。

三、境外供货商会成为走私犯罪的主体吗

通过分析以往的很多走私犯罪案件，笔者发现，绝大部分案件中，被追究刑事责任的都是国内收货方或供货方，对境外供货商或收货商追究刑事责任的情况较少出现，也给人造成了一定的误解，即是不是司法部门不打击参与或实施走私行为的境外供货商？再者，境外供货商的哪些行为可能会构成走私犯罪？

案例 38

简要情况

　　某德国公司是一家销售新材料的跨国公司，陈某（中国籍人）系该公司销售经理，常驻德国，负责该公司对中国等国家和地区的销售工作。甲某所负责的广东甲公司、乙某所负责的福建乙公司系该德国公司的长期客户。

　　2015 年起，甲某、乙某为加快进口速度，对于交货期限紧急的货物，向陈某提出在通过快递直邮方式从德国向中国大陆寄送货物时，开具价格明显低于实际成交价格的虚假发票的要求。陈某向公司汇报后，公司决定由公司物流部门丙某制作虚假发票，并交给快递公司随货物直邮通关。在此期间，陈某在与甲某、乙某的邮件往来中，曾转发过几份虚假发票。后陈某来中国出差期间，被缉私部门采取取保候审强制措施，同时被限制出境。经统计，陈某涉嫌偷逃税款 200 余万元。后该案被移送人民检察院审查起诉。

案件处理

　　笔者接受陈某的委托后，向其详细了解了案件细节，经过仔细阅卷后分析认为，陈某担任销售经理一职，其职责是负责与客户沟通联系并对外销售货物，而制作虚假单证由公司物流部门丙某实施，并非陈某实施；尽管陈某向该德国公司转述客户要求，但不能因此认定其存在帮助低报价格走私的行为，因此笔者向检察机关提交了陈某不构成犯罪的辩护意见。

在与检察机关沟通的过程中，主办检察官提出，陈某作为长期从事对外贸易的人员，对进出口事务应当是非常了解的；国内客户要求其开具明显低于实际成交价格的发票用于报关，目的显而易见，即为逃避海关监管，从而少缴税款。尽管陈某不是虚假发票的实际制作人，但其明知甲某、乙某可能从事走私犯罪行为，仍然积极为其提供帮助，向所在德国公司传递信息，依法应构成走私犯罪，但考虑到陈某仅起到帮助作用，在走私犯罪中居于次要地位，可以被认定为"犯罪情节轻微，依法不需要判处刑罚"的情形。基于此，检察机关对陈某作出了相对不起诉决定。

重点剖析

从办理本案的结果来看，检察机关在一定程度上采纳了无罪辩护意见，最终作出了不起诉决定，当事人在客观上是无罪的，对结果也是满意的。但本案暴露出的诸多法律问题，仍然值得我们进一步思考和研究。

如果境外供货商与境内购货商事先通谋，故意逃避海关监管、偷逃税款，不仅可以认定供货商具有走私犯罪的直接故意，而且根据具体情况，甚至可以认定供货商及其主管人员为主犯。但是如果没有证据证明供货商存在直接故意，而仅具有放任的间接故意，是否构成走私犯罪呢？

《最高人民法院、最高人民检察院、海关总署关于办理走私刑事案件适用法律若干问题的意见》（法〔2002〕139号）规定，行为人明知自己的行为违反国家法律法规，逃避海关监管，偷逃进出境货物、物品的应缴税额，或者逃避国家有关进出境的禁止性管理，并且希望或者放任危害结果发生的，应认定为具有走私的主观故意。根据这一规定，直接故意和间接故意都可以构成走私犯罪似乎比较清晰，但其前提是"明知"，即"行为人知道或者应当知道所从事的行为是走私行为"。如果有明确证据证明行为人知道其所从事的行为是走私行为，则认定其有走私犯罪的主观故意无可争议，但如果没有明确证据或者仅以部分证据来推断行为人"应当知道"则非常容易产生打击面过大的问题。

例如，本案中陈某按照公司分工，负责德国向中国的销售工作，但并不具备通关专业知识，也不操作进出口业务；在履行职务过程中，陈某将国内购货商的要求转达给公司，由公司安排丙某按照客户要求制作虚假发票，并随货发运。检察机关以陈某从事多年对外贸易，应当对虚假发票系用于报关这一事实非常了解为由，进而认定其具有帮助国内购货商低报价格走私的主观故意，尽管这种推定有一定的道理，但并无直接的证据支持，无法有效排除合理怀疑，是有待商榷的。换个角度来看，如果进一步分析该德国公司及其员工丙某在本案中的行为，则其构成走私犯罪的可能性更大，这给境外供货商及其员工敲响了警钟。

风险提示

《刑法》第六条规定了属地管辖权原则，即"凡在中华人民共和国领域内犯罪的，除法律有特别规定的以外，都适用本法……犯罪的行为或者结果有一项发生在中华人民共和国领域内的，就认为是在中华人民共和国领域内犯罪"。

在以往案件中，限于境外地域、取证困难等问题，侦查机关很难对境外供货商进行调查，境外供货商被以走私罪追究刑事责任的案例较少，但并不意味着境外供货商可以脱罪。近年来，随着境内外人员交流越来越频繁以及侦查手段的提高，境外供货商被刑事调查、相关人员被采取强制措施的案件越来越多。因此，进出口企业，尤其是跨国公司在经营中要有强烈的风险意识，注重企业合规，加强内部业务培训；在日常业务来往中，对不合常理的商业行为要提高警惕，从而规避不必要的风险，确保安全稳健经营。

第二节　违规处罚

"违规"对于进出口企业来说并不陌生，哪怕没有遇到过也会听说过。这里的违规是"违反海关监管规定的行为"的简称，指的是违反《海关法》及其他有关法律、行政法规和规章但不构成走私行为的。形象点说，与司机开车压黄实线要被交警扣分、罚款一样，在进出口过程中，海关监管规定就是道路上笔直的"黄实线"，进出口企业触碰了海关监管规定这道"黄实线"，就要被海关行政处罚。当然，这还是进出口企业一不留神"压线"了，要是故意"违章"，那就是走私了。由于海关监管规定涵盖货物通关、征税、后续监管等诸多内容，如果没有在合规上下足功夫，进出口企业稍不留神就会踩到"黄线"。

《海关行政处罚实施条例》中规定了常见的违规行为，包括禁限违规、申报违规、货物违规等，见表4-1。

表4-1　常见违规行为处罚规定表

常见的违规行为		处罚（处理）规定
禁限违规	违反国家进出口管理规定，进出口国家禁止进出口的货物	责令退运，处100万元以下罚款
	违反国家进出口管理规定，进出口国家限制进出口的货物，申报时不能提交许可证件	货物不予放行，处货物价值30%以下罚款
	违反国家进出口管理规定，进出口属于自动进出口许可管理的货物，申报时不能提交自动许可证明	货物不予放行
申报违规	进出口货物的品名、《税则》号列、数量、规格、价格、贸易方式、原产地、启运地、运抵地、最终目的地或者其他应当申报的项目未申报或者申报不实	影响海关统计准确性的，予以警告或者处1000元以上、1万元以下罚款
		影响海关监管秩序的，予以警告或者处1000元以上、3万元以下罚款
		影响国家许可证件管理的，处货物价值5%以上、30%以下罚款
		影响国家税款征收的，处漏缴税款30%以上、2倍以下罚款
		影响国家外汇、出口退税管理的，处申报价格10%以上、50%以下罚款

表4-1　续

	常见的违规行为	处罚（处理）规定
货物违规	未经海关许可，擅自将海关监管货物开拆、提取、交付、发运、调换、改装、抵押、质押、留置、转让、更换标记、移作他用或者进行其他处置	处货物价值5%以上、30%以下罚款，有违法所得的，没收违法所得。 所涉货物属于国家限制进出口需要提交许可证件，当事人在规定期限内不能提交许可证件的，另处货物价值30%以下罚款；漏缴税款的，可以另处漏缴税款1倍以下罚款
	未经海关许可，在海关监管区以外存放海关监管货物	
	经营海关监管货物的运输、储存、加工、装配、寄售、展示等业务，有关货物灭失、数量短少或者记录不真实，不能提供正当理由	
	经营保税货物的运输、储存、加工、装配、寄售、展示等业务，不依照规定办理收存、交付、结转、核销等手续，或者中止、延长、变更、转让有关合同，不依照规定向海关办理手续	
	未如实向海关申报加工贸易制成品单位耗料量	
	未按照规定期限将过境、转运、通运货物运输出境，擅自留在境内	
	未按照规定期限将暂时进出口货物复运出境或者复运进境，擅自留在境内或者境外	
	有违反海关监管规定的其他行为，致使海关不能或者中断对进出口货物实施监管	

现结合案例对常见的违规风险进行如下说明。

一、归类错误为什么会影响国家进出口许可证件管理

进出口货物许可证件管理是海关监管的重要内容，与进出口企业的进出口活动密切相关。那么，企业如何确定进出口货物是否需要许可证件，需要哪些许可证件？海关是如何对于进出口货物进行许可证件管理，如何确保进出口的合法性呢？

案例 39

简要情况

当事人以一般贸易方式向海关申报出口沙发等货物，其中第一、二、四项申报商品编码 9401619000（其他装软垫的木框架的坐具）。海关查验认为该批货物材质为国家濒危木材，应为国家限制进出口管理货物，该公司申报有误。

案件处理

经查，上述出口货物材质为阔叶黄檀，海关归类主管部门出具的"海关进出口货物商品归类认定书"认定该票报关单的第一、二、四项货物应归入商品编码 9401690010（其他濒危木框架的坐具），均需提供"濒危野生动植物种国际贸易公约允许进出口证明书"。最终，海关认定当事人未提交许可证件出口国家限制出口货物，根据《海关行政处罚实施条例》第十四条，对当事人科处罚款37000 元。

重点剖析

1. 进出口企业应当了解货物进出口禁限管理规定。

我国明令禁止进出口的商品包括列入禁止进/出口货物目录的商品以及其他法律法规禁止进出口的商品，例如《禁止进口货物目录》

列明的属于破坏臭氧层物质的四氯化碳、属于濒危物种管理范畴的犀牛角、麝香、虎骨，有关法律法规明令禁止进口的动植物病源、来自疫区动植物产品等。限制进出口的商品范围由商务部会同有关部门依法制定、调整的各类限制进出口货物目录确定，通过许可证件和进出口配额实现管理，包括两用物项和技术、濒危物种、黄金及其制品等都需要取得相关的许可证件。进出口企业不仅要了解自己进出口货物的商品情况，还要事先了解货物相关的禁限管理规定，以便提前申请相关许可证件或者作出其他贸易安排。

2. 海关如何对禁止、限制进出口货物进行监督管理。

海关是国家贸易管制措施在进出口环节的具体执行机关，海关不是货物进出口许可证件的发"证"机关，而是验"证"的机关。海关通过审核"单"（报关单证）、"证"（许可证件）、"货"（实际货物）是否相符确认货物进出口合法性。对于涉及国家进出口管理规定的进出口货物，海关都在通关系统中设定了相应的监管条件代码，例如单轴拖拉机（商品编码：8701100000），监管条件代码为"6"，即表示"旧机电产品禁止进口"，那么对于归入该商品编码下的旧单轴拖拉机海关是禁止企业进口的；再如钟乳石（商品编码：2530909940），监管条件代码为"u"，表示"钟乳石出口批件"，如果企业办理钟乳石报关出口手续，需要向海关提交钟乳石的出口批件，海关才能查验放行。

3. 准确归类是确保进出口合法性的先决条件。

本案中，当事人申报的商品编码9401619000，监管条件代码为"AB"，出口货物仅需出境通关单（非许可证件），但是经海关专业归类后归入商品编码9401690010，其监管条件代码为"ABEF"，该商品编码项下出口货物还需要提供濒危物种进出口管理办公室签发的"濒危野生动植物种国际贸易公约允许进出口证明书"。当事人出口货物属于国家限制出口货物，但是错误归入不需要提供许可证件的商品编码，因此未能及时办理相关许可证件导致违规情事发生。

风险提示

企业对进出口货物准确归类后，根据商品编码查询到相应的监管条件代码，即可知道该货物是否属于禁止进出口商品，是否需要监管证件，进而降低禁限管理类违规风险。

二、货物价格要素应报未报会如何处罚

在进出口申报中，货物价格是重要的申报要素，直接影响海关税收征管和企业经营成本，是海关和企业共同关注的话题，也是实践中海关和企业争议较为集中的问题。在进出口活动中，进出口货物价格构成要素包括许多方面，哪些是应该向海关申报的价格要素？如果应该申报的要素未申报企业将会有什么风险？

案例 40

简要情况

海关在稽查中发现，当事人为进口境外公司某品牌凝胶内衬套，支付商标使用费 25000 美元。在使用期间，当事人进口了凝胶内衬套 12 单，均未向海关申报商标使用费，其中有 3 单货物应纳税款之日距海关发现之日未超过 3 年，尚在海关追税期内。同期，当事人报关进口该品牌凝胶内衬套货物 22 单，申报货物成交方式为 CIF，但有 36778.54 美元国际运费未向海关申报。由于该部分国际运费未计入货物完税价格，导致当事人漏缴税款合计 52390.03 元，滞纳金 23297.82 元。

案件处理

1. 当事人应当申报的商标使用费漏报，导致海关漏征税款，其行为构成申报不实违规行为，但根据《中华人民共和国行政处罚法》（以下简称《行政处罚法》）第二十九条，决定对当事人该情事不予行政处罚。

2. 当事人将应当申报的国际海运费漏报，导致海关漏征税款，构成《海关法》第八十六条第（三）项所列之申报不实违规行为。鉴于当事人具有从轻处罚情节，根据《行政处罚法》第二十七条第一款第（四）项、《海关行政处罚实施条例》第十五条第（四）项，对当事人罚款 18000 元。

重点剖析

1. 进口货物价格申报不实有哪些常见的情形？

海关税收征管主要使用从价计税方式，通常以成交价格为基础审定完税价格并计征税款。作为税款的基础，货物价格自然而然成为海关和进出口企业共同关注的重点。如果海关经审核，认为企业的申报价格不符合海关规定的成交价格条件，存在应当计入实付、应付价款的费用和价值而未如实计入情况的，极易引发价格申报不实的违规风险。常见的应当计入完税价格的要素有：买方负担的除购货佣金以外的佣金和经纪费、包装材料和劳务费；与进口货物有关的特许权使用费；CIF 价格中运抵前的运输费、保险费；买方免费提供的为生产进口货物使用模具、耗材等。本案中，企业向境外公司支付的商标使用费和保险费应当向海关如实申报但未申报，造成的漏缴税款也达到了相应的立案标准，构成了申报不实违规行为。

2. 本案中海关认定当事人漏报商标使用费构成违规行为，但海关为什么又决定不予行政处罚？

一般贸易进口货物放行后，海关有 3 年的稽查期，在稽查期内，海关可以对申报价格的真实性、完整性和合理性进行实质性审核，并对稽查发现的问题作出补税、移交缉私部门等处置。本案中，尚在稽查期内的 3 票货物经海关调查，其价格申报不实行为已构成违规，但是根据《行政处罚法》第二十九条，行政处罚时效为 2 年，当事人违规行为终了之日距案件发现之日超过 2 年，不再给予行政处罚。值得关注的是，虽然海关对价格申报不实行为认定构成违规但不予处罚，但是对当事人原因造成漏缴税款的，海关还有 3 年的追税期，因此在认定当事人违规的前提下可以对尚在追税期的 3 票货物进行补税处理。

3. 如何避免价格申报不实风险？

进出口企业如实申报货物价格是法定义务，但是在实际进出口活动中，面对国际贸易中诸多价格要素，哪些是需要申报的价格构成要素？哪些不需要申报？企业难免会拿不准，等海关对价格进行质疑之后再进行解释就很被动。企业对进出口货物的申报价格是否符合海关审价要求存在困惑和疑虑，可以通过向直属海关申请价格预裁定的方法，确定相关货物的价格构成要素或估价办法，企业凭借价格预裁定决定书通关，这样可以提前核算经营成本，提高通关效率，更重要的是降低了企业合规风险。

风险提示

对于大多数进出口货物，海关在通关环节对价格等申报项目只进行程序性审核，因此货物放行提离口岸并不意味着海关认可企业的申报内容。在稽查期内，海关可以对进出口货物的价格、归类、原产地等重点风险项目进行实质性审查。

三、原产地可以随便填报吗

在国际贸易中，原产地决定进口货物所享受的待遇，同样的进口货物因为原产地的不同，适用不同关税及非关税贸易措施。同时原产地也是海关统计项目之一，在向海关申报时不可随意填报。

案例 41

简要情况

当事人向海关申报以保税电商方式进口一批奶粉，申报货物名称为"英国爱他美和英国牛栏奶粉"，申报原产地为"爱尔兰"。经查验，该批奶粉外包装上无产地标识，原产地无法确认。当事人亦无法提供相关原产地证书。

案件处理

经中国检验认证集团某公司检验，认为该批货物原产地均归属英国。当事人承认货物原产国为英国，因工作人员制作报关单证时套用原先模板，导致原产地申报错误。当事人作为进口货物的收货人，向海关申报进口货物原产地申报与实际不符，影响海关统计准确性，其行为构成了违反海关监管规定的行为，根据《海关法》第八十六条第（三）项、《海关行政处罚实施条例》第十五条第（一）项，对当事人罚款 3000 元。

重点剖析

1. 原产地证书并不是海关认定原产地的唯一标准。

正常情况下，海关通过企业提供的原产地证书来审核原产地申报情况，若海关通过查验货物或审核单证认为所提供的原产地证书不真实，海关将根据原产地标准、直接运输规则等原产地认定规则予以确认。本案中，货物品名为"英国爱他美和英国牛栏奶粉"，申报原产地为"爱尔兰"，企业也未提供原产地证书，海关通过"中国检验认证集团某有限公司检验证书"对原产地进行确定，企业承担申报不实的违规后果。

2. 原产地申报不实但不涉证涉税也会被处罚吗？

本案中，无论货物原产地是英国还是爱尔兰，海关适用税率相同，原产地申报差错不影响税款征收，同时也不影响许可证件管理，但是原产地项目本身是海关统计项目，申报不实将会影响海关统计的准确性，同样对国家进出口管理造成实质性影响，《海关行政处罚实施条例》第十五条第（一）项规定了相应的罚则。

风险提示

原产地是重要的申报项目，决定货物的适用税率，直接影响进出口企业成本，企业应慎重对待。在不涉税不涉证的情况下，也不能忽视申报不实造成的违规风险。

四、加工贸易的程序违规和实体违规如何区分

加工贸易货物是海关监管货物，在实践中，具有海关监管要求政策性强、监管周期较长等特点，因此加工贸易企业在生产过程中极易触碰"违规黄线"。那么加工贸易货物有哪些易发风险？如何区分加工贸易程序性违规和实体性违规？发生违规行为之后应该如何处理和止损？

案例 42

简要情况

当事人在海关备案了 31 号和 75 号两本进料加工手册，备案料件均为二异辛胺，备案成品均为甲基苯骈三氮唑衍生物。海关在稽查中发现，当事人未经海关核准，擅自将 75 号手册项下保税料件二异辛胺 4000 千克调换至 31 号手册项下使用。

案件处理

海关经调查认为，当事人擅自调换保税货物，已构成违反海关监管规定的行为。根据《海关行政处罚实施条例》第十八条第一款第（一）项，对当事人作出罚款 4000 元的行政处罚。

重点剖析

1. 加工贸易货物违规风险点。

通常情况下，海关对加工贸易进口料件实施保税监管，企业在办理加工贸易货物手册设立、进出口报关、加工、核销等业务中都需要遵守《中华人民共和国海关加工贸易货物监管办法》等规定的监管要求，自觉接受海关监管，否则极易引发走私违规风险。目前，加工贸易违规行为常发于加工贸易货物加工环节，违规类型包括擅自调换保税料件（串料）、保税料件短少无正当理由、单耗申报不实、加工贸易"先销后税"等。本案中，当事人涉及加工贸易货物串料的违规情事。

2. 程序性违规和实体性违规的区别。

本案当事人擅自将不同加工贸易手册的保税料件进行串换，符合《海关行政处罚实施条例》第十八条第一款第（一）项规定的违规行为要件，构成违规行为。但是值得关注的是，对该擅自调换保税货物违规行为，要进一步区分属于程序性违规还是实体性违规，程序性违规可以减轻处罚，而实体性违规不具有减轻处罚的情节。本案中，由于当事人串换的料件属于同品种、同规格、同数量、不牟利（"三同一不"原则）情形，其行为没有导致漏缴税款，属于程序性违规，可以减轻处罚，不责令补缴税款。

3. 发生违规行为如何争取从轻、减轻或免除处罚？

在违规行为发生后，企业应认真对待，采取积极措施应对，争取较轻的处罚或者不予处罚。《行政处罚法》第二十七条规定了应当依法从轻或者减轻行政处罚情形：主动消除或者减轻违法行为危害后果的；受他人胁迫有违法行为的；配合行政机关查处违法行为有立功表现的；其他依法从轻或者减轻行政处罚的。违法行为轻微并及时纠正，没有造成危害后果的，不予行政处罚。进出口企业还可以通过主动披露争取从轻、减轻处罚。《关于处理主动披露涉税违规行为有关事项的公告》（海关总署公告 2019 年第 161 号，以下简称"161 号公告"）规定，符合下面两种情况之一的主动披露的涉税违规行为不予处罚：在涉税违规行为发生之日起 3 个月内向海关主动披露，主动消除危害后果的；在涉税违规行为发生之日起 3 个月后向海关主动披露，漏缴、少缴税款占应缴纳税款比例 10% 以下，或者漏缴、少缴税款在 50 万元以下，且主动消除危害后果的。

与一般贸易相比，加工贸易享有保税等多项便利，但是加工贸易业务涉及原辅料进口、单耗、边角余料、内销等多方面海关监管要求，都是海关后续核查、稽查的重要风险点。企业在加工贸易各项业务操作中应保有风险意识，严格按照海关现行管理规定合规操作，在运用好国家各项便利措施和优惠政策的同时，避免出现违规风险。

五、特定减免税货物移作他用会如何处罚

特定减免税货物一般是指符合特定地区、特定企业、特定用途条件、可以享受税收减免等优惠政策的进口货物。减免税货物同样是海关监管货物，企业在监管期限内使用减免税货物一定要符合海关后续监管要求。减免税货物的违规风险点是什么？又应该如何避免这些风险呢？

案例 43

简要情况 ▶

当事人以《产业结构调整指导目录（2011 年本）》中鼓励类第十六类第 1 条 "载重车后盘式制动器" 的规定，办理了国内投资鼓励项目备案，并根据备案的项目，为 3 台脱箱造型机、3 台造型线用自动浇注机办理了 "进出口货物征免税证明" 并申报进口投入使用。在海关监管年限内，当事人将上述设备用于加工生产非原定用途范围内

的产品"非载重车制动器"。涉案货物价值 1630.55 万元，涉及税款 393.82 万元，总计 2024.36 万元。

案件处理

当事人未经海关许可并补缴应缴税额，擅自将尚在海关监管年限内的特定减免税货物改变使用用途，其行为已构成《海关法》第八十六条第（十）项所列违反海关监管规定之行为，根据《行政处罚法》第二十七条第一款第（四）项、《海关行政处罚实施条例》第十八条第一款第（一）项，对当事人罚款 20.3 万元。

重点剖析

1. 特定减免税货物违规风险集中在后续监管环节。

特定减免税货物在口岸放行后，海关根据货物不同种类规定了至少 3 年最多 8 年的监管年限，在此期间减免税货物属于海关监管货物，未经许可擅自处置将会面临合规风险。可是这么长的监管年限内，企业经营管理、设备使用状况，包括企业经营主体难免会有各种变化，如果企业在经营决策时对海关监管因素认识不足或未予考虑，极易发生擅自转让、抵押、质押、移作他用等违规情事。

2. 移作他用的违规行为具体是指什么？

特定减免税货物违规案件中擅自转让、抵押等行为构成容易理解，而移作他用的违规行为相对复杂一点。要理解移作他用，首先要了解特定减免税货物的"特定"之处，即特定地区、特定企业、特定用途的进出口货物可以享受税收减免的优惠政策。在享受税收优惠的同时，企业在监管年限内须承担按照海关批准的地区、企业、用途使用减免税设备的义务，如果企业未经海关许可，擅自将减免税货物交给其他单位使用，或者未按照原定用途、地区使用，就属于移作他用的情形。在本案中，企业以"载重车后盘式制动器"鼓励项目条目办理相关设备的减免税手续，那么在监管年限内，企业未经海关批准，擅自将本应用于"载重车后盘式制动器"生产的减免税设备用于"非载重车制动器"的生产，就是改变了减免税货物的使用用途，构成了移作他用的违规行为。

3. 减免税货物使用过程中如何避免违规发生？

一是认真对待减免税货物年报工作，每年向主管海关递交"减免税货物使用状况报告书"，企业决策者、设备管理部门需要了解相关的减免税设备尚在海关监管年限内，在管理、使用和处置时应符合海关监管要求；借报送年报的机会对减免税货物的使用情况进行自查，发现问题后通过主动披露等方法及时解决。二是加强与海关沟通联系，如果企业需要对减免税货物进行相关处置，或经营主体、使用情况发生变化，应主动向主管海关说明情况，了解政策规定，并按照海关要求办理相关手续，其后方可进行处理和处置。

风险提示

特定减免税货物是海关监管货物，企业应牢记"监管"标签，了解监管政策，遵守监管要求，多与监管部门沟通。

第三节　稽查与追税

进出口货物的海关监管分为事中监管和事后监管，事中监管是海关对企业申报货物的现场验估和审核，发现问题，及时纠正和处理；事后监管是海关稽查所做的事情，对企业已经通关放行的货物，根据贸易单证和账册的记录予以再次验核，发现问题，责令补征税款，或者移交缉私部门处理。

事后监管的稽查力度逐步加大，已经成为海关监管的一个重点常规工作，进出口贸易企业经常遇到海关的各种稽查，如常规稽查、专项稽查等，做好正确的应对，是企业合规管理的必经之路。

稽查应对的主要内容有两个，一是税款，是否需要补征税款，一般贸易主要与商品编码、货物价格等申报要素有关，加工贸易和减免税货物的情况会更加复杂一些；二是处罚，行政处罚不是海关稽查直接作出的，但稽查认为企业涉嫌违法，可以将案件移交缉私部门处理，这是稽查应对的重点，也是企业法律风险防范的重点。

一、海关稽查基本问题

对海关而言，稽查属于正面、常规监管手段。但对企业来说，因为不经常遇到，所以面临稽查时不免紧张和担忧。如果企业能够事先了解海关开展稽查作业的原因、方式及可能产生的后果，将对企业从容应对稽查有很大的帮助。

案例 44

简要情况

　　某公司收到来自主管海关的稽查通知书，写道："××公司：根据《中华人民共和国海关法》《中华人民共和国海关稽查条例》的有关规定，我关自 2019 年 11 月 1 日起对你单位实施海关稽查。请收到本通知书后按下列范围准备账簿、单证等有关资料。海关稽查期间，你单位法定代表人、主要负责人或授权代表应到场配合海关工作，并提供必要的工作条件。稽查范围：你单位 2016 年 11 月 2 日至 2019 年 11 月 1 日期间从某国进口机器设备零件价格的真实性和合法性。必要时，海关可对你单位其他进出口情况进行稽查。"

重点剖析

　　海关稽查分为常规稽查和专项稽查两类。常规稽查无特定目的，海关根据其工作计划选取或随机抽取稽查对象，进出口企业每 3～5 年通常会经历一次，但也有多年未被海关稽查的情况。常规稽查不会局限于某一类业务、某一种商品或某一本手册，而是会对企业进出口业务合规性和管理规范性进行全面审查。专项稽查通常是海关有目的甄选出某行业、某类型企业或某种业务进行重点审查，常见的有对企业加工贸易、进出口货物价格、归类、减免税货物、特许权使用费等的稽查。企业可以通过分析海关发送的稽查通知书内容，判断稽查可能触及的范围。本案稽查，即属于海关对企业某一时段进口业务中，价格申报合规性这一单项事务进行的稽查，并且锁定了某国进口的商品，而非所有商品。通过分析稽查通知书，笔者可结出海关稽查的一些基本常识。

法律依据：《海关法》第四十五条规定，"自进出口货物放行之日起三年内或者在保税货物、减免税进口货物的海关监管期限内及其后的三年内，海关可以对与进出口货物直接有关的企业、单位的会计账簿、会计凭证、报关单证以及其他有关资料和有关进出口货物实施稽查"。该款与《中华人民共和国海关稽查条例》（以下简称《稽查条例》）《中华人民共和国海关稽查条例实施办法》（以下简称《稽查条例实施办法》）构成了海关稽查的法律体系。

稽查目的：监督被稽查人进出口活动的真实性和合法性。

稽查对象：与进出口活动相关的企业、单位。

稽查海关：企业所属地海关为主，进出口行为地为辅。

时间范围：自进出口货物放行之日起3年内或者在保税货物、减免税进口货物的海关监管期限内及其后的3年内。

稽查方式：对被稽查人的会计账簿、会计凭证、报关单证以及其他有关资料和有关进出口货物进行审核；除书面审核外，稽查部门还可能对企业进出口货物进行实物核查，包括盘点库存、固定资产等。

通知方式：

提前通知型：稽查之前，海关至少提前3日通知稽查企业，就稽查范围、企业的配合义务等内容告知企业。

径行稽查：突然袭击式的稽查，海关在通知当日即开始对企业进行稽查。

风险提示

　　企业需要注意，虽然稽查通知书通常会圈定稽查的范围，但这个范围是随时可以突破的。海关不仅有权对企业"进出口活动"的全部环节进行审查，也可以将审查延伸至企业内部管理的各项制度和细节，还有权利要求与被稽查企业有业务往来的单位配合稽查。因此，笔者建议企业在海关稽查下场之前，对企业进出口业务做全面的自查，而不是仅针对海关稽查通知书所列示的范围进行准备。

　　此外，企业有必要了解海关稽查通常可能的结果，并根据自查情况作出有效的应对。稽查一般有如下结果：

　　1. 未发现企业存在任何违法、违规情况，海关出具无异常的结论。

　　2. 企业存在违反海关监管规定的行为，或涉嫌走私犯罪，海关作出企业涉嫌违法的结论，并将案件移交缉私部门作进一步处理。

　　3. 企业存在需补、追征税款的情况，海关作出需补交有关税款的结论。

　　4. 企业存在管理不规范情况，海关作出限期改正的结论。

　　5. 企业有其他违反国家法律规定的行为，海关将违法事项移交相关部门，企业将进一步接受其他部门的调查。

　　如果企业通过自查，确实发现自身存在漏缴税款、违规或管理欠规范的情况，则建议其参照上述可能的结果进行风险评估，必要时争取主动披露。

案例 45

简要情况

某境内服装公司申报进口境外某公司出售的高端品牌服饰，但申报价格低于其他同档次服饰进口申报价格的 8%～15% 不等。该公司收到海关稽查通知，并被要求提供其与境外公司交易的相关会计账册及资金往来资料。稽查后，海关发现该境内服装公司进口服饰申报价格与在国内最终销售的吊牌标价比例关系过低，不符合行业通常情况；另外还发现，除货款外，该公司还向境外公司先后支付了若干笔其他费用，且支付时间均发生在每批服饰进口前 1 个月左右。

针对上述情况，该公司作出解释，其与境外公司的合作采取"委托设计—挑选图稿—支付对价（设计费）—境外生产—进口服装（支付货款）"的形式，即该公司进口服饰前，会先委托境外公司进行设计，在挑选出中意的成稿并向境外公司支付涉及费用后，境外公司再按图稿生产并销售给该公司。

案件处理

稽查部门认为，公司向境外公司支付的设计费用，符合《海关审价办法》第十一条第（二）项规定的"与进口货物的生产和向中华人民共和国境内销售有关的，由买方以免费或者以低于成本的方式提供，并且可以按适当比例分摊的下列货物或者服务的价值：……4. 在境外进行的为生产进口货物所需的工程设计、技术研发、工艺及制图等相关服务"，应为成交价格的调整项目，故要求公司补缴设计费相关进口环节税。

重点剖析

《海关审价办法》规定，进口货物的成交价格是指卖方向中华人民共和国境内销售该货物时买方为进口该货物向卖方实付、应付的，并且按照成交价格调整项目调整后的价款总额，包括直接支付的价款和间接支付的价款。本案中，海关稽查发现公司除向境外公司支付正常的货款之外，还向其支付若干笔其他费用，通过了解双方的全部交易流程，最终确认上述费用为公司向境外公司支付的设计费用。海关认为，该笔费用虽然并未以"销售价格"的名义在货物买卖及财务账目中体现，但该设计费用属于《海关审价办法》第十一条规定的"工艺及制图等相关服务"，即为"买方协助"费用，属于间接支付的价款，应为成交价格的调整项目被加入申报价格中。通常情况下，"买方协助"指买方直接向卖方提供的图纸等协助，卖方根据买方的设计要求进行生产。而该案中，设计图纸是由境外公司设计完成的，却也被计入完税价格，究其原因，海关认为，公司付费请境外公司设计后即取得了图稿的所有权，之后境外公司再使用图稿进行生产，即等同于公司免费提供了上述图稿，因此设计费属于公司实际向境外公司支付的货款的一部分，属于"实付、应付"的范围。

稽查是海关的后续监管手段，仅针对历史业务进行，以书面审查为主，同时辅以现场查实方式。稽查开始时，海关通常会要求企业提供如下资料和信息：

1. 财务资料。

财务资料是海关稽查的入手点，通过会计报表、账簿及凭证发现疑点。

2. 报关单随附单证。

随附单证一般在报关时已向海关提交，但稽查过程中，海关也通常要求企业对稽查期间的单证重新进行整理并提交，一方面是核查并进行数据比对，另一方面也可以通过该步骤审查企业单证保管的情况。

3. 与进出口活动相关的资料。

这主要包括在报关时无须向海关提交但又与贸易相关的资料，例如电子邮件、单耗计算方式、工艺流程等。针对商品归类进行稽查时，海关会要求企业提供商品信息的文字说明。

4. 进出口货物、物品。

对加工贸易稽查时，海关有可能对保税货物进行盘库；对减免税货物进行稽查时，除了看账簿外，实物使用和保存情况也是要审查的范围；对商品归类稽查时，也可能会实地查看货物或取样，等等。

在价格稽查中，海关以发现企业是否有伪报、漏报价格要素为目标，特别关注特许权使用费、运保费、卖方佣金、转让定价等方面。实施价格稽查时，海关至少会收集进出口交易涉及的合同、发票、支付凭证、账簿记录、运保费合同及支付等资料；为核实企业申报价格是否完整和合理，还可能收集和查看审计报告、财务报表、非贸付汇记录、与交易对象的往来函电、转移定价报告，以及进口货物在境内销售的销售合同、代理协议、销售发票等；除此之外，海关还有可能收集同行业其他企业的进口货物申报情况及国内市场交易及利润情况。综上可知，对海关而言，价格稽查是通过对各种资料的比对和分析，发现疑点并求证的过程；对企业来说，价格稽查是陈述和证明申报价格真实性、合理性、完整性的过程。

风险提示

价格稽查中经常发生企业与海关的争议。企业需要了解的是，成交价格虽然在很大程度上属于交易双方的商业安排，但并不意味着该种安排都符合海关的审价原则，企业有必要学习海关审定进出口货物价格的规则，以避免因不了解法律规定而造成少报、漏报的情况。另外，商业交易形式多种多样，而法律规定却无法面面俱到，海关工作人员对法律的理解和实践也很可能不一致，这是导致关企争议的主要原因之一，但同时也给企业与海关的磋商留出较大余地。因此，笔者建议企业在面对海关价格稽查时，在充分理解海关审价原则的基础上，不放弃向海关解释和争取的机会。

案例 46

简要情况

某科技公司向海关主动书面披露，称其 2017—2018 年进口蓝牙芯片向海关申报的商品编码错误，并申请补税。2019 年 1 月，海关对该公司发送稽查通知书，对其进口蓝牙芯片申报商品编码的真实性和合法性开展稽查。经稽查，海关发现该公司两年内总共进口了 3 票蓝牙芯片，申报的商品编码均为 8542399000（其他集成电路，关税税率为 0%），实际商品编码应为 8542391000（其他多元件集成电路，关税税率为 3.4%）。

案件处理

海关认定该公司商品编码申报不实，违规行为所涉货物价值 3619071.4 元，漏缴税款为 119002.36 元。鉴于该公司有自查发现并向海关主动报明违法行为的情节，对企业予以减轻处罚，科处罚款 4000 元。

重点剖析

2009 年起，中国海关开始探索"自查自报""企业自律"等管理方式，主动披露制度逐现雏形。2014 年 11 月，海关总署以《海关全面深化改革总体方案》的形式第一次正式使用"主动披露"这一称谓。2016 年 10 月 1 日，经修订的《稽查条例》正式实施，该条例第二十六条规定，"与进出口货物直接有关的企业、单位主动向海关报告其违反海关监管规定的行为，并接受海关处理的，应当从轻或者减轻行政处罚"，明确了主动披露下行政处罚的适用原则。此后，《稽查条例实施办法》于 2016 年 11 月 1 日实施，其中单列一章进一步对主动披露制度的适用范围、实施方式作出了规定。

对进出口企业而言，主动向海关披露违规行为，直接的动机是希望获取"从轻或者减轻行政处罚"的待遇，本案企业即是自查发现有进口货物商品编码申报错误，并向海关主动报明。此后，海关实施稽查，确认企业确实存在申报不实情况，且同时确认企业主动报告行为属于主动披露。根据《海关行政处罚实施条例》，商品编码申报不实的，应处以漏缴税款 30%~200% 的罚款。但该案中，海关对企业的处罚仅为漏缴税款的 3%，减轻幅度相当可观。

风险提示

《稽查条例》第二十六条"与进出口货物直接有关的企业、单位主动向海关报告其违反海关监管规定的行为，并接受海关处理的，应当从轻或者减轻行政处罚"是对《行政处罚法》第二十七条"主动消除或者减轻违法行为危害后果"及"违法行为轻微并及时纠正，没有造成危害后果的"等情况下"应当依法从轻或者减轻行政处罚"的呼应和具体落实。161 号公告对涉税违规的主动披露下不予处罚、免于海关信用等级降级的情形等事项作出明确规定：

申请时间：违规行为发生之日起 3 个月内企业向海关主动披露；

申请行为：企业填制"主动披露报告表"，并随附账簿、单证等材料；

接受海关：原税款征收地海关或企业所在地海关；

不予处罚条件：违规行为发生之日起 3 个月内企业向海关主动披露，或 3 个月后披露的，漏缴、少缴税款占应缴纳税款比例 10% 以下，或者漏缴、少缴税款在 50 万元以下，且主动消除危害后果的；

不列入企业信用记录的条件：被海关处以警告或者 50 万元以下罚款行政处罚的行为。

需要企业注意的是，并不是所有主动向海关报明违规的情况都可以被认定为主动披露。《稽查条例实施办法》规定，不会被认定为主动披露的情况有：报告前海关已经掌握违法线索的；报告前海关已经通知被稽查人实施稽查的；报告内容严重失实或者隐瞒其他违法行为的。

笔者有以下建议供企业参考：

1. 事先规避优于事后解决。

在笔者曾提供辅助工作的稽查案件中，有相当部分是企业确实存在申报差错的，或者很可能引起海关质疑的，其中有些案件是可以通过事先防范而避免风险发生或积压到稽查阶段的。比如，企业可以建立价格审核机制，通过监控异常波动及早发现可能存在的价格申报差错；针对归类问题，企业可以在实际通关业务发生前，将不确定或者对企业通关成本有较大影响的品类，通过预裁定的形式做出事先认定；建议国际企业在做出全球性的规划或决策时，要考虑到不同国家（地区）对相关事项的判断可能存在差异。对因疏忽或与商业伙伴合作过程出现的差错，可以通过加强内部控制或内核工作尽量减少。

2. 自查，先于稽查一步。

海关稽查手段其实并不神秘，无非是"俯瞰"和"瞄准"结合，以"上帝视角"审视企业进出口行为的合规性。很多企业已经设置了合规和内审部门，完全可以学习海关稽查的方式，定期对企业的进出口活动进行审核，很可能在海关发现问题之前就发现企业存在的问题，及时进行主动披露，避免风险扩大。

如果海关已启动稽查，则建议企业认真分析稽查通知书，推测海关稽查的目的、深度和广度，尽快组成由较高级别管理人员参与的多部门联合工作组，先行自查，提前全面评估海关稽查可能给企业带来的影响。

3. 由专业人员与海关交流，必要时可以聘请专业外部顾问。

进出口业务及报关活动需要具备一定的专业知识，海关稽查时，建议企业派出专业人员与海关交流。专业人员能通过海关的提问及核查材料等信息洞悉海关关注的要点，并及时做出有效和准确的反应，同时避免向海关提供不必要的信息。尤其是归类、特许权使用费这种对技术要求比较高的事项，更建议由通晓海关业务的专业人员参与稽查，避免不当的回复造成误解，进而引发负面影响。

4. 注重海关稽查过程中的企业权利。

稽查过程中，企业具有申请稽查关员回避权、要求海关保守商业秘密权、对海关不符合法定程序和法律授权范围内的要求和行为的拒绝权、行政复议权、行政诉讼权、对因海关的不当行为造成损失的国家赔偿请求权。

5. 企业确实存在违规事项时，考虑主动向海关披露以减轻行政处罚风险。

企业的违规事项如果确实发生则是事实存在，如果海关调查，总能找到蛛丝马迹。因此，如果企业经自查发现存在违规行为，而且已不可能弥补，建议企业考虑主动向海关披露违规事实。

二、稽查的补税时效问题

《稽查条例》第二条明确规定，进出口货物放行之日起 3 年内或者在保税货物、减免税进口货物的海关监管期限内及其后的 3 年内，海关可以监督、核查其进出口活动的真实性和合法性。这就是"海关稽查 3 年"的法律依据，那么，海关有权稽查 3 年，是否有权要求全部案件补税 3 年呢？

（一）企业没有违反海关规定的，1 年内补缴税款

《海关法》第六十二条规定，海关发现企业少征或者漏征税款的，应当自缴纳税款或者货物、物品放行之日起 1 年内补征；因纳税义务人违反规定而造成的少征或者漏征，海关在 3 年之内可以追征。所以，企业没有违规但漏税的，时效超过 1 年，海关不能责令补税。

案例 47

简要情况

海关对某公司专项稽查时发现，该公司连续 5 年以一般贸易方式向海关多次申报进口医用弹簧栓塞系统，申报商品编码均为 90219090。海关经审核认为，该产品应当归入商品编码 90189099，涉嫌商品编码申报错误且少缴税款。

案件处理

海关稽查结论认为，该公司进口货物商品编码申报错误，应予以纠正，同时责令当事人补缴稽查通知前 1 年内的相应税款。

重点剖析

1. 稽查监管。

海关稽查，作为特殊的监管方式，实施于货物进口之后，用于化解海关口岸监管的压力，监督企业合规申报，引导合规运营。海关对常规事项实施常规稽查，对涉税风险事项实施专项稽查，根据稽查结果，出具书面稽查结论，并反馈企业。

2. 稽查结论。

海关稽查结论有 3 种：一是稽查未发现异常，或者发现企业账册、单证管理上的程序性问题，海关通知整改；二是稽查发现企业因商品归类、价格或者原产地申报等漏缴税款，责令补缴所漏税款；三是稽查发现商品归类、价格或者原产地的申报违规违法，或者加工贸易、减免税货物在监管期内违规违法，移交缉私部门作进一步处理。

3. 稽查补税。

《海关法》第六十二条规定，违反海关规定导致少征税款的，海关应当在 3 年之内追征，企业没有违反海关规定而少缴税款的，应当在 1 年之内补缴。本案当事人没有违规，属于补缴 1 年税款的情形。

那么，很多人会问，既然依法只能补缴 1 年税款，为什么《稽查条例》规定稽查 3 年呢？其实，理由很简单，稽查的目的不仅是补税，还要核查是否违规违法，发现涉嫌违规违法的，直接移交缉私部门处理，3 年内追征漏缴税款，并依法在 2 年内追究行政法律责任。

风险提示

　　海关对企业稽查 3 年间的货物进出口事项，海关执法依据充分，企业是否坚持只补缴 1 年的税款，主要看企业是否存在违规违法的情况。如果确定没有违规，坚持只补缴 1 年税款没有问题；如果涉嫌违法，坚持只补 1 年的税款，稽查可能将案件移交缉私部门处理。

（二）企业违反海关监管规定的，海关可以在 3 年内追征税款

　　企业进出口货物的申报行为，或者其他行为，导致影响税款征收的，海关发现之后，除对违规行为予以行政处罚之外，可以依法对企业在缴纳税款之日或者货物放行之日起的 3 年内追征税款。

案例 48

简要情况

　　某公司连续 3 年进口货物，申报 CIF 成交价格，经海关稽查，进口货物实际成交价格为 FOB 价格，公司另行对外支付空运费用和保险费用，未向海关申报，影响海关税款征收。

案件处理

　　海关稽查结论认定该公司进口货物申报行为涉嫌价格申报不实违规，稽查部门将案件移交缉私立案处理。

重点剖析

1. 移交缉私部门。

如果海关稽查结论认为货物进出口时，或者其他海关监管货物存在违规违法的情形，应当交给缉私部门处理。

2. 补税罚款。

移交缉私案件，审核具有基本违法事实和法律依据的，缉私部门应当立案处理，并对违法行为作出行政处罚，同时，可以责令企业补缴 3 年的漏缴税款。

3. 交与不交。

先由稽查部门判断，再由缉私部门审核。如果不符合立案条件，没有基本违法事实，或者处罚无法律依据的，则缉私部门不予受理或者不予立案处理，案件程序结束；如果缉私部门审核判断构成违法，则立案调查，最终依法作出处理决定。

风险提示

稽查案件是否将被移交缉私部门处理，主要的判断依据为企业的行为是否构成违规，即企业是否实施了违规事实，对企业实施的行为进行处罚是否有法律依据。如果以上两个条件均已具备，那么案件很可能会被移交缉私部门处理。

第 五 章

纳税争议和行政处罚的
争议解决途径

海关监管货物进出关境，同时监管企业跨境经营活动。企业向海关申报纳税，被海关提出质疑的情况并不少见。海关轻则认为企业少缴税款，引发纳税争议，重则认为企业申报行为构成违法申报，移交缉私部门处理。无论是纳税争议，还是行政处罚，企业与海关之间，对案件事实的认定和处理，都存在不同的认识和意见，经常发生争议。

当上述争议发生时，如何应对解决，是企业合规管理应当重点考虑的问题。根据实践经验，笔者总结了一些关企争议解决的基本要点，供参考。

第一节　关企争议的磋商机制

海关法律的"磋商"一词，产生于价格申报环节，海关对企业申报价格产生质疑，可以与企业进行价格磋商，确定完税价格。也就是说，当进口货物成交价格不能确定或者不符合成交价格条件，海关提出价格质疑时，企业与海关可以商量一个合理的价格，作为完税价格，这就是价格磋商机制。

笔者认为，关企磋商机制不但可以运用于价格磋商，也可以运用于归类磋商；不但可以运用于纳税争议程序，也可以运用于行政处罚程序，凡是用"商量"能够解决的事情，没有必要"打官司"。

一、"磋商"的适用范围

1. 纳税争议：价格争议；归类争议；原产地争议等。

2. 行政处罚：申报不实违规；加工贸易违规；减免税设备违规等。

二、"磋商"的适用对象

1. 与现场海关磋商。

2. 与稽查部门磋商。

3. 与缉私部门磋商。

三、"磋商"的适用方式

1. 企业提交相关书面意见。

2. 预约关企会议见面磋商。

3. 提交第三方专业机构意见。

4. 提交第三方专家意见。

案例 49

简要情况

某公司进口密闭式感应加热炉，申报商品编码为 8514200090（通过感应或介质损耗工作的炉及烘箱），关税税率为 0%，现场海关经审核认为上述感应加热炉的商品归类申报错误，应归入 8514400090（通过感应或介质损耗对材料进行热处理的设备），关税税率为 10%，该企业归类申报错误，构成归类申报不实违规，将案件移交缉私部门立案处理。

案件处理

在缉私部门处理案件过程中，企业向缉私部门提交了中国电器工业协会及电炉分会的专业意见函，相关部门遂向海关总署某税收征管局发出归类问答，其最终确认商品编码为 85142000。

根据归类问答的结论，认定企业商品编码申报无误，海关作出撤案处理。

重点剖析

1. 磋商程序可以贯穿海关案件处理的全过程。

企业不仅可以在价格质疑中运用磋商，在归类质疑中，也要主动运用。海关提出归类质疑，企业如果认为申报归类没有问题，而且理由充分，应当向海关提交书面归类意见，并约定主管海关商谈涉案商品的归类问题，主张企业申报的商品编码正确，可以从《税则》条文、《品目注释》等规定切入，与归类先例、归类预裁定等案例进行比较，同时，可以引用国外的归类预裁定（Ruling、BTI），以及提交行业协会等专业机构的意见，与海关进行归类磋商。

即便海关认为归类错误涉嫌申报不实违规，并移交缉私部门处理，企业如果坚持认为归类没有问题，在海关作出行政处罚决定之前可以继续以上述方式与缉私部门进行磋商。

2. 专业机构的意见对归类磋商至关重要。

海关作为商品归类主管机构，对商品归类比较专业，也比较权威，这一点毋庸置疑，但是，因受到某些非技术因素的影响，也有可能会作出非客观的判断。行业协会作为某种商品或者某行业的专业机构，对特定商品的认识可能更为全面和专业，所以，行业协会的专业意见可能会受到海关的关注。在本案中，由中国电器工业协会电炉分会出具的对涉案商品的专业分析意见，可能对海关归类中心的归类判断产生了一定影响。

3. 归类问答是还原正确归类的重要途径。

从法律意义上，无论是隶属海关、直属海关还是海关总署，对商品归类均有判断的权限，但是，客观地讲，判断水平和权威性肯定存在差距。

笔者认为，除非《税则》条文明确列名的归类事项，其他涉嫌归类申报不实的案件，在移交缉私部门处理前，相关部门可以报请海关总署税收征管局（京津、上海、广州），认定企业对该涉案商品的归类是否错误，同时，对是否属于"明确的商品归类事项"作出判断，再决定是否移交缉私部门处理。

风险提示

归类申报不实案件的缉私立案，已呈现谨慎的态度，判断是否为"明确的商品归类事项"是立案的基本前提。所以，对于移交缉私部门的归类案件，企业只要认为归类申报没有错误，或者属于技术性归类差错，就不应当放弃与缉私部门进行归类磋商。

第二节　行政处罚的听证程序

海关作出行政处罚决定之前，应当将处罚的事实、理由和处罚事项，书面告知当事人，当事人有权提出申辩意见；对重大的行政处罚事项，当事人要求举行听证的，海关应当予以听证。处罚听证是海关行政处罚中的一种常见程序。

处罚听证由办案机关的法制部门主持，由办案机关的调查部门和当事人作为"控辩"双方参加听证会，"控方"为调查部门，提供证据认定违法事实；

"辩方"为当事人，质证并提出申辩理由和相应证据，提出诉求；主持人将听证会上当事人的质证、申辩和诉求等记录在案，作为处罚的依据。

处罚听证不但给当事人充分陈述申辩理由的机会，而且允许当事人提交有利的证据和鉴定意见。同时，对海关证明违法事实的证据可以质证，对违法证据可以要求予以排除，在实践中起到了较好的效果。

案例 50

简要情况

某公司连续申报出口氰基乙酰胺 23 票，申报商品编码 29241990（出口退税率为 13%），海关稽查认为应当归入 29269090（出口退税率为 10%），商品编码申报错误涉及多退税款 70 万元。海关拟处罚款 50 万元，对企业作出行政处罚告知书。

案件处理

海关处罚告知后，企业申请处罚听证，并提交了第 1 票货物进口时海关归类化验的证据，以及后面多次取样化验的记录。经召开听证会，海关查明，曾对涉案货物进行过实质性的归类审核，但并未发现企业申报错误，根据信赖保护原则，企业并无主观过错。最终海关对企业作出不予处罚的决定。

重点剖析

1. 哪些案件可以处罚听证？

处罚听证的程序在海关行政处罚案件中被充分实施。罚款 10 万元以上的，或者被处以资格罚的，企业均有权要求处罚听证。

2. 处罚听证有什么作用？

处罚听证使企业有机会阅卷，掌握违法事实和处罚证据，有针对性地充分陈述申辩意见，提交对企业有利的证据和鉴定意见，并可以对海关的处罚证据进行质证，以便进一步查明事实，争取从轻处理的机会。

3. 处罚听证的程序性质如何？

处罚听证，是行政处罚决定作出前的审核程序，缉私部门发现处罚错误或者瑕疵，可以及时改正。

风险提示

企业如果认为海关作出的处罚不妥，选择听证程序是明智的。根据实践经验，处罚听证的纠错率，比行政复议的纠错率更高。

第三节　关企争议的行政复议程序

关企磋商，本质是海关和企业在争议事项上进行协商，如果达成一致，问题就解决了，达不成一致，争议继续。企业普遍比较关注以下几个问题：磋商程序多长时间作出决定？企业是否有权要求召开磋商会议？提交的证据是否应当记录在案？对此，均没有规定。

行政复议是一种比较完善地解决争议的法定程序，有以下重要特征：由作出纳税决定或者处罚决定的上级机关进行复核；复议机关必须在 3 个月内作出复议决定；可以要求召开复议听证会，充分陈述理由和意见，并提供有利证据等。

企业对海关纳税和行政处罚不服，利用行政复议程序表达意见、解决争议，是较好的法律救济途径。

一、海关行政复议的范围

1. 纳税争议：稽查结论、税款缴款书等。

2. 行政处罚：行政处罚决定书、不予行政处罚决定书。

3. 其他具体行政行为：海关查封、扣留、不予放行等。

二、海关行政复议的要点

1. 要求举行复议听证会。

2. 向复议机关提交有利书证，例如查验单证、财务报表等。

3. 提交案件相关的鉴定结论，例如行业协会归类意见书、专业机构的审计报告等。

4. 提交专业的申辩意见，例如提出诉求的相关事实、理由、证据和法律依据。

案例 51

简要情况

2018 年，某公司多批次从美国进口医疗器材，申报商品编码为 90219090；2020 年初，海关核查认为该商品应当归入 90189099，两者不但进口关税税率不同，90189099 项下商品还涉及中美贸易摩擦，加征 25% 惩罚性关税。

案件处理

海关责令该公司补缴 1 年内的关税差额，以及相应货物的 25% 惩罚性关税及其增值税。公司不服海关的征税决定，向上一级海关提出行政复议①。

重点剖析

1. 纳税争议复议前置。

企业不服海关纳税决定，属于纳税争议范畴。根据规定，纳税争议的法律救济，应当先向上级机关申请行政复议，不服海关复议决定再向法院起诉，即复议前置，不能直接向人民法院提起诉讼。

2. 复议听证程序。

复议期间，企业向复议机关申请举行听证会，听证会是控辩双方法律较量的主要渠道。举办听证会，给"辩方"公开陈述申辩理由和

---

① 截至发稿，本案件仍在处理过程中。

提交证据提供机会，而且可以当面对"控方"的理由进行驳斥，对相应证据进行质证，听证机关将"控辩"要点记录在案，作为作出复议决定的依据，也是法院司法审查的重要参考。

3. 充分陈述和申辩。

本案企业重点申辩意见是申报的商品编码没有错误，海关认定的商品编码理由不充分，明显不符合《税则》条文和《品目注释》的规定，并同时出具了行业协会和行业专家的鉴定意见。

除对商品归类进行充分申辩外，企业认为，本案例中海关未履行及时"纠正"义务，致使企业超期无法申请加征关税排除，应承担部分责任。

风险提示

复议听证会是复议程序的核心环节，对于重大、复杂的争议案件，企业应当申请举行听证会。听证之前，企业应当充分准备听证会的陈述申辩意见，以及提交有利证据，争取对自己有利的复议效果。

第四节　海关行政诉讼的重要节点

行政诉讼，即"民告官"，也就是企业不服海关的行政决定，向法院状告海关，要求法院撤销海关行政决定，这是法律赋予企业的权利。但是，将海关的法人代表关长作为被告代表，企业常对此有所顾忌。所以，每年全国海关行政诉讼案件仅有几十起。

案例 52

简要情况

某国外品牌汽车的国内总经销商被海关稽查认定，进口整车时对外支付或者应付的汽车质量保证金未向海关申报纳税，导致漏缴税款。该公司不服海关作出的稽查结论，提出行政复议。

案件处理

海关的复议决定部分支持了企业的复议请求，但企业还是不服，遂向某地中级人民法院提起行政诉讼，要求撤销海关的征税决定。①

重点剖析

1. 行政诉讼的选择适用。

行政诉讼作为企业的一种法律救济途径，应当充分考虑选择适用的必要性。笔者认为不到万不得已，不建议轻易选择。但是，如果海关的行政决定确实不合理，经过各种磋商和复议都无效的情况下，也应当大胆、果断地运用行政诉讼。

2. 庭前充分准备。

行政诉讼胜诉的关键在于证据，没有关键证据支持诉讼请求，胜诉的几率较小。企业是跨境贸易的主体，相关事实企业最清楚，相关人员可以从跨境贸易单证、海关验核记录、公司财务凭证、第三方鉴

① 截至发稿，本案件仍在处理过程中。

定报告和专家证言等方面，调取证据，在庭前或者开庭审理时向法院出示和提交。

3. 灵活调整诉讼目标。

综合评估海关行政诉讼案件的处理结果，法院直接判决海关败诉的情况极少，有一半的案件，以企业撤诉的方式结案。这种以撤诉结案的案件，大多数是庭下和解的结果，企业的诉讼目标基本实现。所以，在行政诉讼过程中，应当结合诉讼请求和案件的进展情况适时调整诉讼目标。

风险提示

适时调整诉讼目标，争取和解结案，是目前司法环境下，海关行政诉讼案件的基本出路。

第六章

知识产权的海关保护

第一节　中美贸易协定下的知识产权保护新政

近年来，知识产权问题是中美贸易争议焦点之一。2020 年 1 月 15 日，中美签署了第一阶段《中华人民共和国政府和美利坚合众国政府经济贸易协议》（以下简称《协议》）。《协议》文本包括序言、知识产权、技术转让、食品和农产品、金融服务、汇率和透明度、扩大贸易、双边评估和争端解决、最终条款 9 个部分。知识产权为第一章，这反映出美国对中国知识产权保护问题的强烈关注。《协议》对中方在边境知识产权保护执法方面提出了非常细致的要求。2020 年以来，无论从执法工作安排、实际执法数量还是成果方面，都能看出中国海关作为保护边境知识产权的职能管理部门，履行《协议》的行动和决心。

一、中国海关采取的多种措施

为落实和履行《协议》要求，中国海关采取了多种措施。

（一）加强知识产权边境执法力度

《协议》要求：中方在边境执法方面"显著增加对海关执法相关人员的培训""显著增加执法行动数量"。

中国海关行动：2020 年 2 月，海关总署发布《2020 年全国海关知识产权保护专项行动方案》（以下简称《方案》），部署全年度"龙腾行动2020"计划，且第一季度同时启动了针对寄递渠道的知识产权保护"蓝网行动"及针对出口转运货物的知识产权保护"净网行动"。根据海关总署公布的数据，2020年上半年，全国海关共采取知识产权保护措施 2.36 万批次，扣留侵权嫌疑货物 2.25 万批次，涉及侵权嫌疑货物 881.4 万件。

（二）加大对跨境电子商务、药品出口监管力度

《协议》要求："共同并各自打击电子商务市场的侵权假冒行为""采取有

效和迅速的执法行动，打击假冒药品和生物药的相关产品"。

中国海关行动：近年来，中国跨境电商业务发展迅猛。与此同时，在寄递渠道查获的电商侵权货物也逐年增多。海关总署部署开展了寄递渠道知识产权保护"蓝网行动"，专门强调了要加强对侵权假冒药品和生物制品等重点商品的监控。被海关查获侵权货物 3 次以上的电商企业，有可能被海关约谈，并被责令限期整改。海关还与跨境电商平台和外贸综合服务企业开展了合作，集合海关查获的侵权案件信息，通过大数据分析，追根溯源，从源头制止侵权货物走出国门。

（三）增加知识产权保护成果公布的密度

《协议》要求：每季度在网上更新执法行动信息。

中国海关行动：2020 年之前，海关总署在每年 4 月 26 日"知识产权日"前后一次性公布过去一年度的知识产权保护报告。自 2020 年开始，以季度为单位公布知识产权保护成果。

（四）加大执法人员培训力度

《协议》要求：持续增加受训执法人员的数量，并在本协议生效后 9 个月内，显著增加对海关执法相关人员的培训。

中国海关行动：海关总署通过发布《方案》，要求各地方海关持续开展有关知识产权理念、办案技能、查发技巧的分层培训，并建议通过关区间相互带班跟班作业、派员旁听证据开示会、法院庭审、研评案件卷宗等方式，提升培训效果。

案例 53

简要情况

某公司向海关申报出口货物，海关经查验发现有 100000 片剃须刀刀片上标有 "GILLETTE" 商标，有 98880 支医用药物上标有 "Shalina" 和 "Betasol" 商标。商标权利人认为该批货物侵犯了其商标专用权，并提出采取知识产权保护措施的申请，海关对该批货物进行了扣留。

案件处理

海关作出没收上述货物的处罚决定，并对企业处以罚款 127000 元。

案例 54

简要情况

某电子商务公司以跨境电子商务直购方式向海关申报出境键盘等货物到澳大利亚。海关查验发现，实际出口货物中有标有 "Apple" 标识的耳机 198 件，案值约 19800 元。商标权利人苹果公司（美国）认为上述货物侵犯其在海关总署备案的商标专用权，向海关提出采取知识产权保护措施申请并提交担保。

案件处理

海关经调查认为，企业未经商标权利人许可，在上述货物上擅自使用他人注册商标，根据《中华人民共和国商标法》（以下简称《商标法》）第五十七条第（一）项，该企业侵犯权利人在海关总署备案的"Apple"注册商标专用权，已构成出口侵犯商标权的行为。海关决定对当事人作出没收上述侵权货物并处罚款3960元的行政处罚。

重点剖析

上述两个案例均为出口企业侵犯美国企业知识产权，案例53为一般贸易出口货物侵犯药品商标权，案例54为跨境电商形式的出口侵犯电子产品商标权。该两种类别的侵权情节均是《协议》格外关注的情况。

风险提示

《协议》中关于侵权货物的处理将进一步严格，以及将转运货物纳入海关边境管理范围的规定都对进出口企业知识产权提出了更高的合规要求。

二、中国海关下一步需提升的方面

（一）侵权货物的处理

《协议》规定，假冒产品原则上应该销毁，而不能采取其他处理方式。除特殊情况外，应销毁被当地海关以假冒或盗版为由中止放行并作为盗版或假冒商品查封和没收的商品。这就意味着中国海关过去实施的，去除假冒商标以后允许商品进入贸易和商业流通渠道的做法，在《协议》具体落实后将不再被允许。

现状：现行《中华人民共和国知识产权海关保护条例》（以下简称《知识产权海关保护条例》）规定的是多元化处理侵权货物的方式。从知识产权海关保护角度来讲，1 个侵权案件从立案到结案到货物的最终处置，是 1 个完整的流程。海关没收的侵犯知识产权的货物，处置的核心要求是"不重新进入商业渠道"，首先考虑用于公益事业，其次可以有偿转让给知识产权权利人，再次消除侵权特征后可以拍卖。将消除侵权标识的货物进行变卖和拍卖，这是从我国国情出发，从节约、防止浪费和环境污染的角度考虑的。清除侵权标识，主要是不对权利人造成损害。只有侵权特征无法消除的货物，才予以销毁。

现行《商标法》已于 2019 年修订，增加了对假冒注册商品责令销毁的条款。人民法院审理商标纠纷案件，应权利人请求，对属于假冒注册商标的商品，除特殊情况外，责令销毁；对主要用于制造假冒注册商标的商品的材料、工具，责令销毁，且不予补偿；或者在特殊情况下，责令禁止前述材料、工具进入商业渠道，且不予补偿。假冒注册商标的商品不得在仅去除假冒注册商标后进入商业渠道。

从销毁的分类处理方式来看，拟销毁的侵权假冒商品的分类处理方式，更多地从环保角度予以考虑。若原材料可回收利用，优先以拆解、冶炼、化浆等改变产品原始用途或状态的方式对原材料进行综合利用。不可回收利用的侵权假冒商品和经拆解后产生的废物，应采取焚烧、填埋等方式进行销毁处理，并根据侵权假冒商品的物理特性或性质进行分类。

主管部门的裁量权将受到进一步限制。除特殊情况外，主管部门在任何情况下均无允许假冒或盗版商品出口或进入其他海关程序的裁量权。

（二）转运货物也将纳入海关边境执法的范围

协议要求：《协议》落地后，转运货物也将要求纳入中国海关边境执法的范围。

现状：现行《知识产权海关保护条例》规定海关对与进出口货物有关的知识产权实施保护，转口货物暂时不在中国海关边境执法的范围内。

《协议》第1.21条规定，中国应重点围绕出口或转运的假冒和盗版商品，针对假冒和盗版商品进行检查、扣押、查封、行政没收和行使其他海关执法权力。《协议》落地后，转运货物也将进入中国海关边境执法的范围。

第二节　海关在边境知识产权保护领域的
行政权与侵权企业的民事、刑事责任

我国是知识产权大国，但侵权问题也很严重，假冒伪劣产品在国内广泛存在，且被大量销往国际市场。侵权产品走出国门，不但影响知识产权权利人的切身利益，更会对国家声誉造成恶劣影响。

知识产权海关保护是指在货物进出境时，由海关对侵权货物进行扣留、调查乃至处罚的行政管理行为。《海关法》规定了进出口货物收发货人及其代理人申报知识产权状况的义务，同时赋予了海关对与进出口货物有关的知识产权实施保护的职权。对知识产权权利人而言，海关监管环节是阻挡侵犯其知识产权的货物走出国门的最后一道屏障。近年来，海关持续加强对侵权进出口货物的执法强度。2019年，全国海关采取知识产权保护措施5.56万批次，实际扣留进出境侵权嫌疑货物5.16万批次，同比增长9.32%，涉案货物数量4679万件，同比增长96.4%。

一、有效利用知识产权海关保护措施

海关的知识产权管理职权具体包括审核、扣留、调查、处罚。进出口企业需要了解法律规定及海关执法要求，做到合规生产、合规出口，避免侵权；知

识产权权利人需要了解海关执法特点，并有效利用海关知识产权保护措施，制止侵权货物进出境，维护自身合法权益。

案例 55

简要情况

　　某企业系在美国注册的石油勘探设备制造商，已在中国取得"××数据的传输方法和系统"专利，本案处理期间，其起诉竞争对手公司专利侵权诉讼正在美国进行。该企业获悉竞争对手公司将在中国某展会上展出涉嫌侵权产品，故向展会所在地直属海关提出申请，希望海关通过行使知识产权保护措施阻止对手公司将载有相关专利的产品带入中国境内。

案件处理

　　海关接受了该企业的申请，并立即设置了相关布控指令，但因该企业并不掌握对手公司相关货物的进口物流信息，且时间非常紧迫，因此海关未在进口环节查获对手公司进口货物。为提高在中国的知识产权保护力度，该企业在展会之后立即向海关总署申请了知识产权备案。

案例 56

简要情况

2019 年 5 月 23 日，厦门海关所属海沧海关在对福建某进出口贸易有限公司申报的一个集装箱的卫生巾进行查验时，发现使用了"aIvvays"标识的卫生巾 137.5 万片。上述货物包装品牌标识明显，报关时却申报为"无品牌"；货物品牌标识首字母小写而第二个字母大写，大小写组合与惯例不符。

案件处理

查验关员初步判断上述货物涉嫌侵犯宝洁公司（美国）在海关总署备案的"always"注册商标专用权。启动知识产权海关保护程序后，海关调查人员通过证据开示、现场质证等多种方式，围绕出口商品是否构成近似商标、是否属于定牌加工等争议焦点进行全面、细致的调查，最终作出侵权认定。

案例 57

简要情况

某中国公司拥有在中国注册的商标"c"，其与美国当地销售商公司合作成立了合资公司，由美国公司在美国销售"c"品牌的产品。而美国公司在中国公司不知情的情况下，在美国抢注了"c"商标，并在美国销售产地为中国但并非由该中国公司生产的商品。中国公司随即终止了与美国公司的合作，并尝试回购其"c"商标，但没有成功。

案件处理

中国公司在中国海关备案了"c"商标。海关查验发现一批并非该公司申报的"c"商标出口产品，并将货物扣留。美国公司被迫主动联系中国公司，表示愿意通过协商解决商标纠纷。

重点剖析

海关的知识产权保护有两种方式。

1. 依职权保护，也就是主动保护，指知识产权权利人已经向海关总署进行了知识产权备案，海关根据备案的知识产权权属及商品信息、侵权人信息、侵权货物信息，依照职权主动中止涉嫌侵权货物的通关程序，通知有关知识产权权利人，根据知识产权权利人的申请对涉嫌侵权货的物实施扣留、调查，并对侵权货物的收发货人实施行政处罚。流程如图6-1所示。

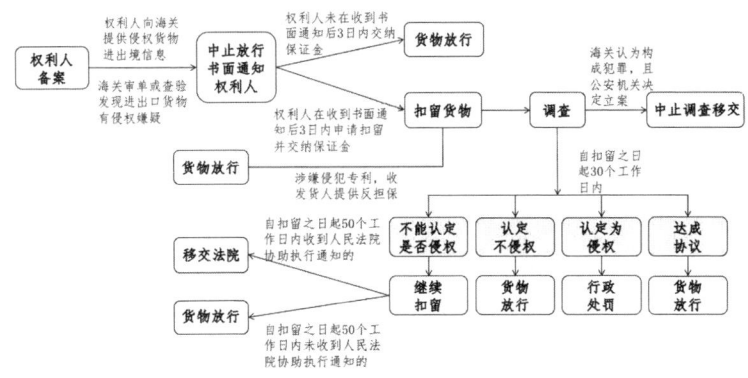

图6-1　主动保护流程示意

2. 依申请保护，也就是被动保护，指虽然权利人并未在海关总署进行知识产权备案，但仍然可以直接向海关提出申请，要求海关对涉嫌侵权的进出口货物进行查扣。流程如图 6-2 所示。

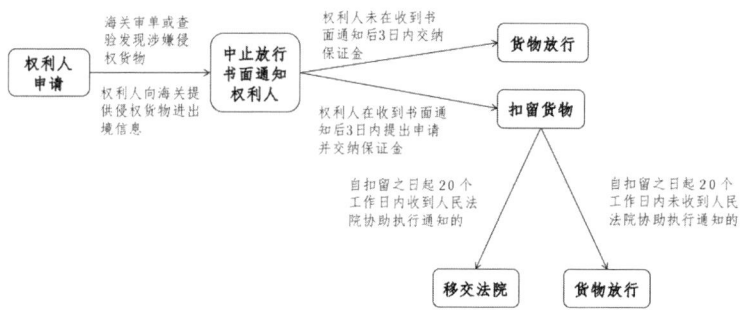

图 6-2　被动保护流程示意

据历年海关总署公布的数据统计，海关依职权（主动保护）扣留涉嫌侵权货物的批次占全部扣留批次的 99% 以上，与上述 3 个案例表现出的特点一致。案例 55 中，美国公司向海关申请了被动保护，虽然申请被受理，且海关也采取了布控措施，但是并没有成功查扣涉嫌侵权货物，海关知识产权保护措施并没有发挥作用。案例 56 则是典型的海关实施主动保护措施的成功案例，宝洁公司的合法权益被有效保护。案例 57 中，中美两国公司发生跨国商标权纠纷，最终，中国公司通过备案及海关布控、查验、扣留一系列操作，不仅成功阻截了侵权货物出境，更为中国公司获取了优势谈判地位，中国海关的知识产权保护措施成为赢得跨国商标权纠纷的重要砝码。

从上述案例可以看出，海关对已备案的知识产权涉及的货物更具敏感性，保护效果更好。除实施效果外，二者还有如下不同，见表 6-1。

表 6-1　主动保护和被动保护着差异对比表

项目	主动保护	被动保护
是否需要备案	是	否
申请海关扣留时交纳的保证金数额	货值小于 2 万元的，等货值；货值 2 万~20 万元的，货值的 50%；货值大于 20 万元的，10 万元。 备案商标权的可以提供总担保	与进出口货物等值
海关监管敏感度	高	低
海关查验力度	海关主动查验	只在权利人提出申请时查验
海关对货物的扣留时间	自扣留之日起最长 50 个工作日（不认定侵权的）	自扣留之日起最长 20 个工作日
海关是否进行实质性调查	是	否

风险提示

　　虽然海关知识产权保护是企业知识产权保护的有效方式，但为了取得更好的保护效果，企业还需要注意如下几点。

　　1. 尽早进行知识产权备案，并争取海关实施主动保护。

　　上述 3 个案例以及海关既往的执法实践已经充分说明，主动保护措施是实施海关知识产权保护的更有效方式。建议企业取得知识产权后，无论是否有产品出口计划，均立即向海关申请知识产权备案。海关不对备案本身收取任何费用，而且非常简单易行，企业可以通过登录海关总署官网"知识产权海关保护备案子系统"完成。

2. 权利人应尽量收集侵权货物物流信息，以提高查获率。

进出口货物不计其数，如果权利人期待知识产权一经备案，海关查验就"百发百中"是不现实的，尤其是那些不常见品牌的侵权商品，以及肉眼无法识别的专利侵权产品，海关发现和查扣难度是比较高的。因此，知识产权权利人想达到更好的查扣效果，不能只依靠海关的"火眼金睛"，而应尽可能多地协助海关。例如，尽量获取并向海关提供侵权人及侵权商品准确的境内收发货人名称、代理人名称、集装箱号、预计报关时间等信息，有助于提高海关发现和阻截侵权商品进出境的可能性。

3. 与海关保持多方位的沟通，帮助海关尽可能多地了解合法产品及侵权产品的信息。

在分析和总结每年海关知识产权保护典型案件时，笔者发现被查扣货物多为涉嫌商标侵权，商品种类集中在消费者熟悉的领域，例如电子产品、日用品、药品、服装鞋帽等，且多是知名商标侵权货物。权利人有必要采用各种方式使海关更多地了解合法和侵权商品的特点，例如面对面和海关交流，向海关说明企业知识产权状况、侵权人和侵权商品信息，等等。

4. 重视证据开示。

相比其他管理职能，知识产权保护对海关来说有一定的特殊性。海关使用国家权力直接介入权利人与涉嫌侵权人的民事纠纷，执法非常谨慎，侵权结果与否的认定也容易引起双方当事人异议。为避免因调查不充分而可能导致的管理相对人和海关的争议，自 2013 年起，海关总署在知识产权保护程序中推行证据开示制度，主要应用于知识产权权利人与进出口货物收发货人之间存有较大争议、现有证据难以认定货物知识产权状况、现有证据存在疑点等情况。在证据开示程序中，双方可以在海关办案人员的主持下进行充分的举证，也可以对对方提交的证据提出质疑和意见。证据开示的结果将作为海关认定货物是否构成侵权的参考依据。海关在扣留侵权嫌疑货物前举行证据开示的，证据开示的结果将作为海关扣留货物决定的参考依据，因此无论是权利人还是涉嫌侵权人，都应该注重在这一程序中的权利运用。

　　5. 关注法院最新裁判思路和海关最近执法动态。

　　海关对进出口侵权货物侵权与否的判断依据与法院审理知识产权案件的法律是一致的，而法院对侵权案件的判决也是海关执法的风向标。例如对定牌加工商品出口是否构成侵权，从 2002 年开始，法院的判决原则几度变化，近几年一般都被认定为不侵权。而 2019 年，最高人民法院以"最高人民法院（2019）最高法民再 138 号民事判决书"再次扭转了对定牌加工出口行为侵权的认定原则，这很可能意味着"定牌加工"不再成为出口货物的避风港。因此，进出口企业，除了关注海关的执法动向外，也有必要经常关注法院的最新裁判思路，并及时对公司经营作出调整。

二、海关行政处罚与民事、刑事责任

海关作为行政执法部门行使知识产权边境保护的行政权力，负责扣留涉嫌侵权货物，并且有权调查认定货物是否构成侵权，认定构成侵权的，海关依法予以行政处罚。海关主要审查出口行为人是不是知识产权的权利人，或者是否获得了权利人的授权。对于进出口侵犯知识产权货物的行为，海关处没收侵权货物，并处货物价值30%以下罚款。

除要求海关查扣侵权货物之外，权利人还可以向法院提起侵权诉讼，通过司法救济的渠道来要求侵权方赔偿经济损失。

也就是说，如果侵权货物在进出口环节被海关查扣，侵权方将可能既面临海关的行政处罚，又面临权利人的民事索赔。如果情节严重，还可能受到刑事处罚。

（一）海关行政处罚

进出口侵犯中国法律、行政法规保护的知识产权的货物的，没收侵权货物，并处货物价值30%以下罚款；构成犯罪的，依法追究刑事责任。

（二）侵权之诉

海关的行政处罚是惩戒行为，并没有赔偿性质，所以海关行政处罚之后，如被法院判决侵权（因海关已作出行政处罚，判决侵权的可能性很高），侵权方仍需承担经济赔偿责任。

《商标法》第六十三条规定，侵犯商标专用权的赔偿数额，按照权利人因被侵权所受到的实际损失确定；实际损失难以确定的，可以按照侵权人因侵权所获得的利益确定；权利人的损失或者侵权人获得的利益难以确定的，参照该商标许可使用费的倍数合理确定。对恶意侵犯商标专用权，情节严重的，可以在按照上述方法确定数额的1倍以上、5倍以下确定赔偿数额。赔偿数额应当包括权利人为制止侵权行为所支付的合理开支。

权利人因被侵权所受到的实际损失、侵权人因侵权所获得的利益、注册商标许可使用费难以确定的，由法院根据侵权行为的情节判决给予500万元以下的赔偿。

（三）和解与调解

知识产权是权利方的民事权利。双方可以通过诉讼及其以外的其他方式解决侵权赔偿的问题。通过诉讼方式的话，最终的结果由法院判决确定，很难得到双方的同时认同，而和解与调解，通常是双方当事人都同意的结果，在了解对方利益需求的情况下进行一定的自愿妥协。这也是为数众多的知识产权侵权赔偿通过当事人和解或法院调解予以解决的原因。

案例 58

简要情况

某海关书面通知权利人 A 公司，该关查获 Z 公司自该海关出口到马来西亚的 60 箱 3600 个足球使用 A 公司某标识，可能涉嫌侵犯权利人在海关总署备案的知识产权。

案件处理

2014 年 5 月 14 日，某海关根据 A 公司的申请将上述货物扣留。2014 年 8 月 29 日，某海关作出"行政处罚决定书"，认定 Z 公司出口上述货物的行为已构成侵犯他人著作权货物的行为，决定没收涉案侵权货物，并处罚款 4000 元。

民事诉讼方面，A 公司提起了侵权诉讼，Z 公司被法院一审判决赔偿 A 公司经济损失 15 万元。

重点剖析

1. 关于 Z 公司是否构成侵权。

A 公司从他人处受让取得涉案标识的美术作品，并进行了著作权登记，对此 Z 公司不持异议，法院亦确认 A 公司享有上述作品的著作权。将 A 公司从海关调取的被控侵权产品与涉案美术作品进行比对，两者均以六块相同的十字型白色球面拼块组成，拼块周边均以四色流畅线条勾勒，虽然两者在局部线条色彩上存在差别，但不影响两者在局部构图、线条流向、色彩分配及留白的基本一致，足以使相关公众将被控侵权产品与 A 公司涉案美术作品相混淆，或认为两者在来源上具有特定的联系。根据《著作权法》，发行权是指以出售或者赠予方式向公众提供作品的原件或者复印件的权利，侵犯他人著作权的应当承担相应的民事责任。本案中，Z 公司未经 A 公司许可，擅自销售（出口）载有与 A 公司涉案美术作品相近似的图案的产品，侵犯了原告享有的作品发行权，故其应承担停止出口（销售）并赔偿损失的法律责任。

2. 关于海关行政处罚与法院判决赔偿金额。

在 A 公司提起侵权诉讼前，某海关已认定 Z 公司出口上述货物的行为构成侵犯他人著作权的行为，决定没收涉案侵权货物，并处罚款 4000 元。海关的行政处罚是对侵权人的惩戒，海关对于侵权行为人的罚款，通常为货值 30% 以下。在本案中，除没收侵权货物外，仅处罚 4000 元。其目的是海关强迫违法的当事人缴纳一定的金额，通过使其在经济上受到损失，警示其今后不再发生违法行为，但罚款并不能弥补权利方在经济上的损失。所以本案中，法院综合考虑 Z 公司的侵权故意，A 公司美术作品的独创性及声誉，Z 公司侵权行为的性质、后果等因素，酌定 Z 公司应赔偿给 A 公司的金额为 15 万元。

风险提示

1. 法院判决侵权诉讼的民事赔偿金额可能高达 500 万元。

《商标法》几经修订，人民法院根据侵权行为的情节判决给予赔偿的金额上限也升至 500 万元。

2. 赔偿金额可以兼具补偿与惩罚的功能。

一般而言，侵犯商标专用权的赔偿数额，应该按照权利人因被侵权所受到的实际损失来确定。实际损失难以确定的，可以按照侵权人因侵权所获得的利益确定。权利人的损失或者侵权人获得的利益难以确定的，参照该商标许可使用费的倍数合理确定。

3. 惩罚性的赔偿金额，实务中需要根据个案的情况判定。

惩罚性的赔偿，需要权利人提供相应的证据证明侵权人的主观恶意和造成的客观后果。

案例 59

简要情况

A 进出口公司法定代表人赵某在未经商标权利人授权的情况下，以 B 公司的名义与 C 材料公司签订出口产品国内购销货合同，委托 C 公司生产 3310 个刹车片，其中 2516 个刹车片需印有"TEXTAR"商标，合同总价 27.98 万元。在出口报关过程中，涉嫌侵权 2516 个刹车片被海关查获，由于销售行为未完成，涉案价值以货物价值计算，共计 25.84 万元。

案件处理

行政处罚方面，海关对 A 公司作出行政处罚决定，并处罚款 13000 元。

刑事处罚方面，A 公司销售明知是假冒注册商标的商品，销售金额数额巨大，其行为已构成销售假冒注册商标的商品罪。赵某作为 A 公司直接负责的主管人员，在未经相关权利人授权的情况下，积极参与实施销售假冒注册商标的商品，销售金额数额巨大，其行为已构成销售假冒注册商标的商品罪。

A 公司犯销售假冒注册商标的商品罪，判处罚款 10 万元（已缴纳行政罚款 1.3 万元折抵相应罚款，剩余罚款 8.7 万元自判决生效后 10 日内向法院缴纳）。

被告人赵某犯销售假冒注册商标的商品罪，判处有期徒刑 3 年，缓刑 3 年，并处罚款 5 万元。

重点剖析

一般的知识产权侵权行为可能会面临民事、行政和刑事责任。什么情况下是民事责任，什么情况下又可能面临严重的刑事处罚，主要根据案件的主客观情节和涉案金额具体判断。

民事责任方面，知识产权是一种法律推定有效的民事权利，同时民事赔偿要比单纯的刑事处罚更能有效地保护权利人的合法利益。

行政责任方面，管理知识产权工作的行政机关有权责令侵权行为人停止侵权行为、责令改正、罚款等，知识产权局有权对侵权人实施行政处罚。假冒专利的，除依法承担民事责任外，由管理专利工作的部门责令改正并予公告，没收违法所得，可以并处违法所得 4 倍以下的罚款；没有违法所得的，可以处以 20 万元以下的罚款。海关作为知识产权边境保护部门，如查扣涉嫌侵权货物并经过调查后认定侵权，则依法对侵权人进行行政处罚。

刑事责任方面，只有严重侵害知识产权权利人或其利害关系人合法权益，严重损害社会公共利益的知识产权侵权行为才会被追究刑事责任。例如，本案中销售明知是假冒注册商标的商品且销售金额数额较大或者巨大的情况。

第三节　贴牌加工的侵权问题

作为国际贸易链的生产端，"贴牌生产"或者"定牌加工"一直都是我国制造业的重头戏，从国际知名奢侈品 LV、GUCCI、PRADA，到手机电器 Apple、三星、LG 等，大多数的代工厂都在中国。

涉外"定牌加工"知识产权边境保护中各方的是非曲直，一直以来都是海关执法以及法院司法争议的焦点。境外的商标权人、境内的商标权人和国内代工厂，各方均各有不同的利益诉求。

分析定牌加工是否构成侵权，需要从签订加工合同、采购加工物料、贴牌加工生产、返销申报出口等各个环节来综合研究，结合境内外两个不同法域的法律规定和司法惯例，作出分析判定。

根据目前的海关执法和法院司法实践，一般倾向于不将严格意义上的涉外定牌加工定性为侵权，但涉外定牌加工企业，仍需在上述各个环节尽到合理的注意义务，并进行合规审查，避免侵权纠纷的产生。

境内代工厂与境外委托方签订加工合同时，需要对境外委托方是否有品牌授权进行合理审查，尽到注意义务。另外，在委托加工合同中，双方还应当约定如果出现货物被海关查扣情形，如何承担相应法律责任的条款。

同时，面对境内商标恶意抢注企业的侵权诉讼，境内代工企业应当调整战略，以攻为守，主动提起确认不构成侵权诉讼，并主张扣留货物造成的经济损失，以增强侵权诉讼中的主动地位。

一、境外合法商标权人委托加工的产品，出口时为何被海关扣货

从事加工贸易的企业有一个常见疑问：境外的合法商标权利人与国内代工厂签订正式委托加工合同，相当于出具了合法的授权手续，货物加工完成后正

常申报出口，海关为何予以扣留？

这种情况下海关扣货的主要原因是：商标权的地域性。和其他知识产权一样，商标权具有严格的地域性，在某单个国家取得的商标权只能在该国获得保护，其他国家并不当然承认其权利。

举个例子，"W"商标的权利人在美国拥有合法使用权，如果该权利人未在中国注册该商标，而该商标在中国被别人注册，则可能会出现美国的"W"牌摩托车和中国的"W"牌摩托车。一般情况下，美国的"W"牌摩托车不会对中国的消费者造成混淆，而美国的消费者可能也不会知道中国的"W"摩托车，两者相安无事，直到美国"W"牌摩托车的权利人授权中国的加工厂生产"W"牌摩托车并全部出口回美国。这时中国的"W"商标权利人向海关申请扣留货物，就会出现境外合法商标权人美国"W"商标权利人委托加工的产品，从中国出口时被海关扣货的情况。

再用美国 NIKE 和西班牙 NIKE 的例子来说明定牌加工可能引发的法律风险。大家都知道，著名的 NIKE 品牌，公司总部 1978 年成立于美国。但早在1932 年，NIKE 商标即在西班牙开始被使用，其商标权被一家西班牙公司合法享有。所以，当委托人拿着西班牙 NIKE 公司的授权委托书，委托中国境内的代工厂生产 NIKE 品牌的滑雪服准备出口到西班牙时，被中国海关依美国耐克国际有限公司的申请扣留了该批出口货物。国内代工厂、出口经营单位以及西班牙耐克的授权方，均被质疑涉嫌构成商标侵权行为。这是一起典型的涉外定牌加工知识产权边境保护案件。一审法院判决原告方美国耐克国际有限公司胜诉，包括西班牙 CIDESPORT 公司、中国浙江某进出口公司和浙江某制衣厂在内的 3 个被告必须立即停止侵权行为，并且赔偿侵权损失 30 万元。

上述案例表明，在涉外定牌加工的商务活动中，代工厂需要在签订合同之前尽到合理审查义务，当拿到比较大的订单的时候，要对方出示商标授权的同时，也需要做相关的商业调查，查清楚在中国有没有权利人在同一类别中注册了同样或类似的商标。

二、涉外定牌加工案件，海关如何行使知识产权边境执法保护权

海关暂扣货物分两种，依职权和依申请保护。涉外定牌加工案件中，海关一般是依职权暂扣货物。也就是说海关在对进出口货物的现场监管的过程中，主动对非备案商标权利人出口的货物进行扣留，行使知识产权边境保护的执法权。

（一）启动扣货程序

依职权调查处理是指在海关的执法实践中，在出口申报环节，海关发现出口货物有侵犯备案知识产权嫌疑的，通知知识产权权利人，权利人提出申请并提供担保的，海关应当扣留侵权嫌疑货物。

依申请扣货则是由境内权利人或者权利人委托的律师发起，向海关提出扣留侵权货物申请并提供货物等值担保。

（二）调查和认定

依职权调查处理的案件，海关发现进出口货物有侵犯备案知识产权嫌疑并通知权利人后，权利人请求海关扣留侵权嫌疑货物的，海关应当自扣留之日起30个工作日内对被扣留的侵权嫌疑货物是否侵犯知识产权进行调查和认定，海关在30个工作日内不能认定的，会将调查结果书面通知权利人。

依申请扣货的案件海关不对侵权与否进行调查处理，申请人应尽快向法院起诉，如海关未在20个工作日内收到协助扣货的通知，则海关应当放行扣留货物。

（三）认定侵权或不能认定侵权后的处理

只有海关依职权处理的案件，才会进入海关调查处理及认定流程。海关对于侵权案件的处理，需经过调查，并认定被扣商品构成侵权，才转入行政处罚

程序。如果海关不能认定构成侵权，权利人应当向人民法院申请采取责令停止侵权行为，或者申请财产保全措施。

三、企业如何应对侵权之诉

如果权利人和涉嫌侵权人双方争议不能通过和解解决，一旦进入诉讼程序，长达数年的一审、二审诉讼，将会对企业的正常生产、经营造成严重的间接影响。同时货物被海关扣留，无法按时发货导致的违约、工厂停工等一系列的不良后果，会对企业造成比较严重的直接负面影响。

通过梳理具有代表性的几十宗各级人民法院涉外定牌加工案件，分析法院的裁判理由及其论证思路，笔者对境外权利人、境内代工企业或者经营单位的建议是，应对侵权诉讼，关键问题是证明涉外定牌加工的行为不是《商标法》意义上的使用商标权，加工生产行为不会让境内的消费者产生混淆或者误认，不会对境内权利人造成实际损害等。

案例 60

简要情况

S公司于 2000 年 3 月 27 日经 A 国相关知识产权机构批准，注册"S"商标，使用商品为各类刷子，有效期至 2020 年 3 月 27 日。2010 年 9 月 28 日，S公司法定代理人出具授权书，授权中国境内 B 公司生产"S"牌子的各种刷类产品，但所有生产的产品只能出口给 S 公司，不允许自行销售或者销售给第三者公司。后 B 公司依代理出口协议委托 C 进出口有限公司代理标有"S"商标标识的油漆刷出口报关。

甲某在中国商标局核准注册"S"商标，核定使用商品为第 21 类（刷子等），其主张 B 公司作为生产商、C 进出口公司作为出口代理商，侵犯其注册商标专用权，请求法院判令 B 公司、C 进出口公司停止侵权、赔偿损失。

法院查明，甲某曾于 2001 年 6 月—2002 年 7 月任 D 公司业务员，在此期间，D 公司曾与 S 公司授权的 E 公司进行过标有"S"商标油漆刷的贸易行为。

案件处理

二审法院判决认定 B 公司、C 进出口公司不构成商标侵权，驳回甲某的诉讼请求。

重点剖析

本案中，甲某利用其曾进行过争议商标相关贸易的便利条件，在权利人未在中国申请该商标的情况下，于 2003 年在国内申请注册了该商标。这是一起典型的"涉外定牌加工案件"，国外权利人在 A 国注册商标的时间为 2000 年，但并未在中国申请注册。同时，国外权利人签订加工合同，委托国内工厂生产该品牌刷子并出口。本案中 B 公司的涉外定牌加工的行为，不是《商标法》意义上使用商标权，加工生产行为不会让境内的消费者产生混淆或者误认，不会对境内权利人造成实际损害等。最后法院判定 B 公司、C 进出口公司不构成商标侵权，驳回甲某的诉讼请求。

风险提示

1. 涉外定牌加工企业需要在国际贸易商务合同签订前合理审查。

国内代工厂在与国外贸易商签订合同之前应尽到合理审查义务，在让对方出示商标授权的同时，也需要做国内相关的调查，查清楚在中国有没有权利人在同一类别中注册了同样或类似的商标，避免产生争议和纠纷。

2. 跨境电商的品牌问题。

商标虽然有地域性的限制，但随着国际贸易的发达，尤其是近年来跨境电商的发展，跨境电商中的商标涉及商品生产国、销售平台所在国以及销售国，更容易混淆或者误认，所以商家需要重视跨境电商的无界性和商标地域性的冲突。

案例 61

简要情况

上述案例 60 的商标侵权案中，法院认定 B 公司等实施的涉外贴牌加工行为不构成商标侵权。

随后，B 公司等提起知识产权反赔诉讼，诉请法院判令甲某等赔偿提起侵权诉讼给 B 公司带来的损失。甲某等申请海关保护和法院保全所涉扣押货物总价款的利息损失、货物总价款因汇率变动而导致的损失、被海关扣押所缴保证金费用的利息损失、货物被法院保全所缴保证金费用的利息损失、仓储费等损失及停业损失，以及翻译、公证费等共计 72.66 万元。

案件处理 ▶

法院认定并判决甲某等赔偿 B 公司损失 12.79 万元。

重点剖析 ▶

甲某等在之前提起的侵权诉讼中，其在国内抢注海外商标成为国内商标权人，通过海关查扣再提起侵权诉讼，以谋取金钱或其他商业上的利益。

通常来说，涉外定牌加工的案件，出口环节海关一般只会暂扣货物，并不会对侵权与否进行认定。在权利人向法院提起的侵权诉讼中，如果法院判定涉外定牌加工货物侵权，则权利人的经济赔偿请求通常也会被支持；如果法院判定涉外定牌加工货物并未侵权，出口方则会反诉权利人要求赔偿因此造成的损失。

本案中，海外商标权利人在先使用、涉外定牌加工是否属于商标意义上的使用等方面都是法院判决考量的理由。正是基于以上理由，法院判决 B 公司等未构成侵权，随之而来的是 B 公司要求甲某等赔偿因此受到的损失。

风险提示

　　法律明确规定商标专用权人申请海关扣留和法院保全出口货物错误，依法应当承担申请错误给被申请人造成的财产损失，其立法目的在于限制权利人滥用强制措施的申请权。

　　《知识产权海关保护条例》第二十八条第二款规定，知识产权权利人请求海关扣留侵权嫌疑货物后，海关不能认定被扣留的侵权嫌疑货物侵犯知识产权权利人的知识产权，或者人民法院判定不侵犯知识产权权利人的知识产权的，知识产权权利人应当依法承担赔偿责任。

　　《中华人民共和国民事诉讼法》第一百零五条规定，申请有错误的，申请人应当赔偿被申请人因保全所遭受的损失。

第 七 章

反倾销反补贴的贸易救济

第一节　常遭"双反"调查的行业和产品

国际经济交往中，其他国家（地区）产品存在倾销和补贴时，就会对本国（地区）相关产业造成不利影响，因此反倾销、反补贴是各国（地区）经常采取的减少经济危害的措施。随着我国经济的发展，与各国（地区）的经济往来日益增多，产生的经济摩擦也不断增加。近年来，我国已成为世界各国（地区）反倾销、反补贴调查的主要对象国。

一、其他国家（地区）对中国"双反"调查的特点与现状

自 2001 年中国加入 WTO 以来，在享受经济全球化带来好处的同时，也面临着越来越多的发达国家（地区）及其他发展中国家（地区）发起的反倾销及反补贴调查。在反倾销、反补贴、保障措施这 3 种贸易救济措施中，使用频率最高的是反倾销，其次是反补贴。

（一）反倾销调查的现状与特点

WTO 统计数据显示，1995—2019 年，各成员发起的反倾销调查共计 5944 起，其中中国受到 1392 起反倾销调查[①]，占比约 23%，平均每年 56 起，中国连续 20 多年为世界上遭受反倾销调查最多的国家，其中排名前三的行业分别为化学原料及制品工业、金属制品工业和钢铁工业。

1995—2019 年，对中国发起反倾销调查最多的 10 个国家（地区）、立案数量及涉及的主要行业如图 7-1、图 7-2 所示[②]。

---

① 参见 WTO 官方网站，https：//www.wto.org/english/tratop_ e/adp_ e/adp_ e.htm，最后访问日期：2020 年 8 月 13 日。

② 根据中国贸易救济信息网案件统计信息整理，http：//cacs.mofcom.gov.cn/cacscms/view/statistics/ckajtj，最后访问日期：2020 年 8 月 13 日。

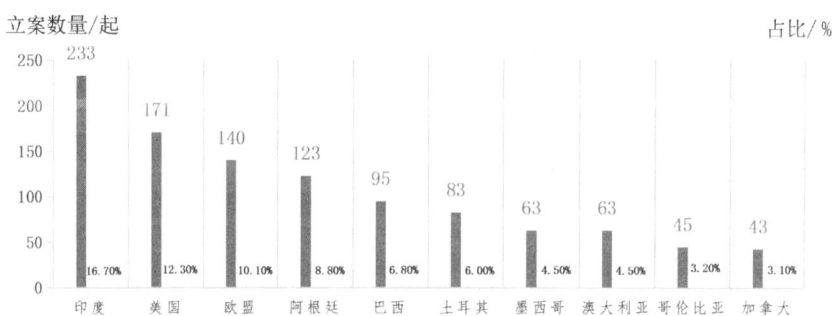

图 7-1　1995—2019 年对中国发起反倾销

调查最多的 10 个国家（地区）立案数量

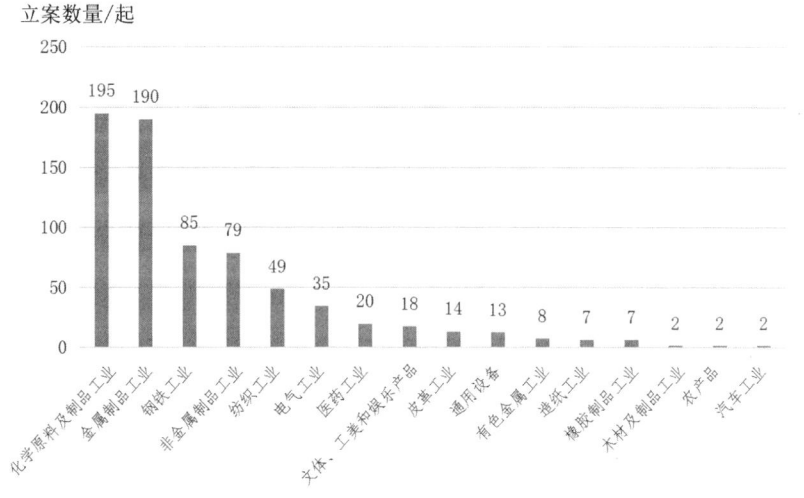

图 7-2　1995—2019 年对中国发起反倾销调查

最多的 10 个国家（地区）涉及的主要行业

通过上图并结合相关信息可以看出，对中国的反倾销调查呈现以下特点：

1. 反倾销调查立案数目不断上升。根据 WTO 数据统计，20 世纪 80 年代对中国反倾销年均立案 6.5 起，1991—1995 年迅速上升至年均 31.8 起，1996—2000 年为年均 37.6 起，而 2001—2019 年年均立案数量达到了 62.3 起，如图 7-3 所示。

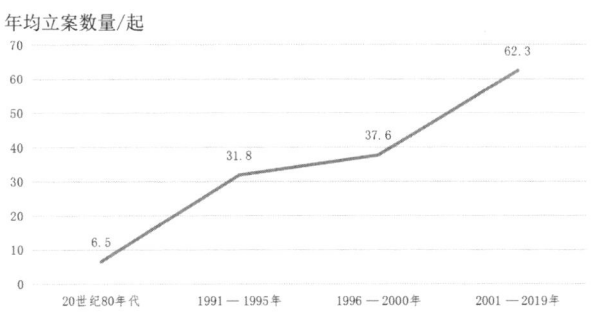

图 7-3　反倾销调查平均立案数量

2. 涉案金额不断增加。20 世纪 90 年代起，对我国的反倾销案件涉案金额呈增长趋势，普通案件的涉案金额达千万美元。进入 21 世纪，尤其是 2018 年全球经济危机爆发以来，涉案金额动辄上亿美元。

3. 发展中国家（地区）逐渐成为反倾销调查的主体。虽然欧盟、美国、澳大利亚等发达国家（地区）对中国反倾销调查众多，但发展中国家（地区）迫于国内保护主义的压力，发起的反倾销调查也越来越多。在对我国提出反倾销最多的 10 个国家（地区）的 1058 起案件中，发展中国家（地区）就有 6 个，共计 642 起案件，占比约 60.1%。

4. 涉案行业众多，金属和化学行业接近一半。1995—2019 年对中国发起反倾销调查最多的 10 个国家（地区），合计对中国发起反倾销调查 1058 起，其中金属和化学行业合计 385 起，占比 36%。

（二）反补贴调查的现状与特点

WTO 数据显示，1995—2019 年，全球共发起 577 起反补贴调查，其中对中国发起的反补贴调查共计 169 起①，在全球反补贴调查中的比例居高不下，

———————

① 参见 WTO 官方网站，https：//www.wto.org/english/tratop_ e/scm_ e/scm_ e.htm，最后访问日期：2020 年 8 月 13 日。

几乎所有的反补贴调查都是伴随反倾销调查，构成对涉案产品的"双反"调查。1995—2019 年对中国发起反补贴调查最多的 5 个国家（地区）的立案数量和涉及的主要行业如图 7-4、图 7-5 所示①。

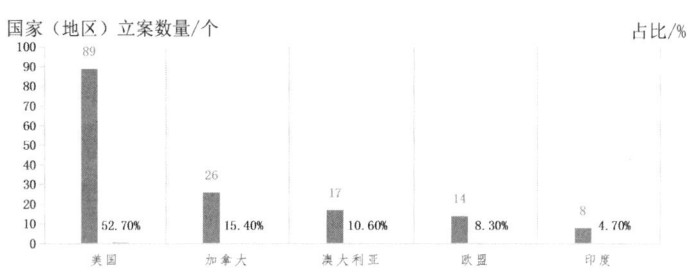

图 7-4　1995—2019 年对中国发起反补贴

调查最多的 5 个国家（地区）立案数量

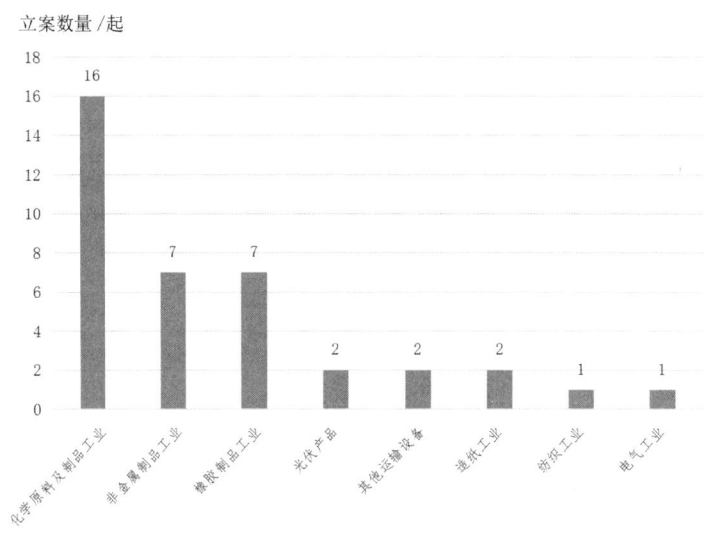

图 7-5　1995—2019 年对中国发起反补贴

调查最多的 5 个国家（地区）涉及的主要行业

---

① 根据中国贸易救济信息网案件统计信息整理，http：//cacs. mofcom. gov. cn/cacscms/view/statistics/ckajtj，最后访问日期：2020 年 8 月 13 日。

通过上图并结合相关信息可以看出，在申诉国、涉案行业分布、最终采取反补贴措施的比例等方面，表现出以下特点：

1. 发起反补贴调查的国家（地区）主要是美欧等发达国家（地区）。从发起调查数量来看，排名前三位的国家（地区）为美国、欧盟和澳大利亚。究其原因，主要是反补贴调查对于证据、程序和技术方面的要求比反倾销要高，美欧等资本主义国家（地区）作为反补贴制度的主要发起国（地区）和建立国（地区），不仅熟悉相关规则，而且调查能力也比发展中国家（地区）强，因此使用反补贴手段进行贸易救济的频率也更高。

2. 涉案产品类型集中于贱金属制品。在1995—2019年的577起反补贴调查中，贱金属是主要的反补贴涉案产品类型，其案件数量253起。占比43.8%。在对我国发起的反补贴调查中，近一半的案件涉及金属制品工业和钢铁工业。

3. 超过7成的反补贴调查最终采取了反补贴措施。577起案件中最终采取反补贴措施的案件数量为320起，反补贴肯定结案率为55.5%；对中国发起的169起反补贴案件中，123起被采取了反补贴措施，占中国被诉案件总数的72.8%，高于全球采取最终措施的平均比率。

二、其他国家（地区）对中国"双反"调查产生的影响

外国对中国发起的"双反"调查对中国经济造成了重创，其影响主要表现在以下几个方面。

（一）严重削弱出口企业的产品竞争力

一旦我国出口产品遭遇其他国家（地区）发起的"双反"调查并获得肯定性裁决，高额的惩罚性关税会大大增加国内企业的出口成本，降低出口企业在国际市场上的产品竞争力，导致涉案产品出口数额急剧下降，甚至被申诉国完全排挤出当地市场。而其他未启动"双反"调查的国家（地区）由于担心我国企业转而向其出口，亦会跟随发起"双反"调查，形成一个恶性连环效应。

（二）全面挑战中国现行经济政策

当反倾销不足以遏制我国产品出口时，其他国家（地区）便会诉诸反补贴调查，将贸易救济从原来的产品、企业层面上升至行业、政策层面。由于反补贴调查涉及政府行为，为了避免被他国（地区）征收反补贴税，我国中央和地方各级政府势必会调整对有关行业的扶持和资助力度，因此反补贴调查除了会给我国经济造成严重影响，还会直接影响到我国宏观政策和总体经济计划的制定和实施。

（三）不利于中国掌握国际贸易中的话语权和主动权

我国作为全球唯一拥有联合国所有工业分类的国家，2015 年出口额便超过美国成为世界第一出口大国。据海关统计，2019 年我国货物贸易顺差 2.9 万亿元，较上一年扩大 25.4%，进出口、出口、进口规模均创历史新高。即便如此，我国在国际贸易中并没有取得与自身经济、贸易实力相符的话语权，中美贸易摩擦的升级进一步体现出我国在国际贸易中的被动地位。

第二节　其他国家（地区）对中国"双反"
调查的情况及案例分析

一、美国对中国"双反"调查的情况及案例分析

（一）美国对中国"双反"调查的现状

中国是美国贸易救济的主要针对国，美国调查机关将反倾销、反补贴合并调查作为常态化的贸易救济方式。美国以维护国际贸易秩序、救济国内产业之名，行贸易保护主义之实，以达到排挤中国产品的合法竞争从而保护国内相关产业利益的目的，使中国出口产品遭受巨大损失。

1980 年 6 月 11 日，美国对来自中国的薄荷醇提起反倾销调查，这是美国对中国发起的首例反倾销调查。中国入世之后，面对我国开放经济竞争力提升的压力，美国改变了其早年对非市场经济国家（地区）不适用反补贴调查的惯例，从 2006 年开始对我国启动反补贴调查，并在 2012 年 3 月修改其反补贴法的相关内容，为针对中国输美产品发起反倾销、反补贴调查扫清了国内法障碍。

WTO 统计数据显示，1995—2019 年，美国对外反倾销调查立案数量总计 728 起，其中对我国发起的反倾销调查数量高居榜首，占美国反倾销立案调查总数的 23.8%；美国反补贴调查立案数量总计 260 起，其中对我国发起的反补贴调查占总数的 52.7%。

1980 年至今，美国对中国发起的反倾销调查及反补贴调查的前十的涉案行业分布如图 7-6、图 7-7 所示[①]。

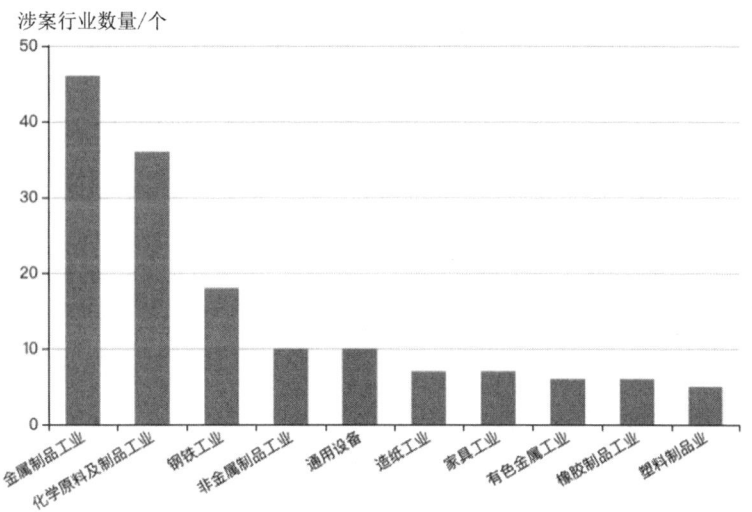

图 7-6　美国对中国反倾销涉案行业（前十）分布

---

① 根据中国贸易救济信息网案件统计信息整理，http：//cacs. mofcom. gov. cn/cacscms/view/statistics/ckajtj，最后访问日期：2020 年 8 月 13 日。

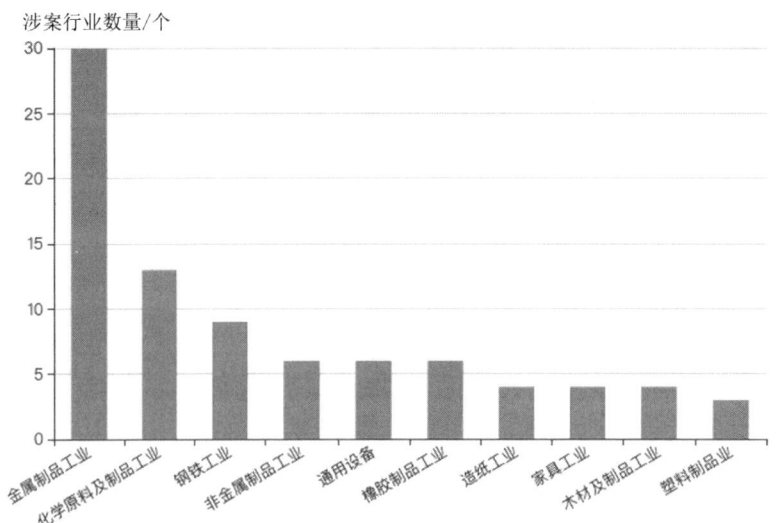

涉案行业数量/个

图7-7　美国对中国反补贴涉案行业（前十）分布

作为全球最大的两个经济体，中美两国经贸关系的走向对全球经济格局有着举足轻重的影响，双边贸易摩擦的增多不仅不利于两国的经济发展，也会加剧国际市场的动荡。因此，梳理美国对我国贸易救济案件的新态势、新特征，认真研究分析美国对我国"双反"调查背后深层次原因，有助于推进中美贸易摩擦化解机制的完善。

（二）美国对中国"双反"调查的特点

笔者通过梳理美国自1980年以来对我国发起的反倾销和反补贴调查，发现美国对我国的调查存在以下特点：

1. 起诉主体和被起诉主体通常表现为"一对多"。"一"是指起诉主体大多以一家美国公司为主，这些企业多为跨国企业且为行业巨头。行业巨头能够从贸易保护行为中攫取更多的经济利益，其信息收集能力和游说能力更强，因此提起诉讼的意愿较之同行业其他经营主体更为强烈，立案成功的几率也更大。"多"则表现在被诉主体一般涉及该产品全部制造商和出口商，涉案主体多为民营和国有企业。

2. 反倾销、反补贴合并调查成为美国常态化的贸易救济方式。自 2006 年 11 月美国对中国铜版纸发起首例"双反"合并调查以来，美国通过修改立法和增强实践，对进口产品叠加使用反倾销和反补贴措施，双重赋税极大阻碍了中国产品的出口。

3. 从涉案行业看，调查的重灾区集中在全球产能过剩、美国行业集中程度高和失业情况严重的行业，如钢铁、化工等。首先，对于钢铁、化工等产能过剩的行业而言，对外出口能够帮助我国企业解决国内产能过剩问题，而美国作为上述产品的进口国同样也需要解决同类产品国内产业的相同问题，且上述行业失业现象较为严重，为增加就业，美国自然会对我国出口产品采取贸易保护措施。

4. 从涉案产品范围看，调查对象由传统产业向高附加值产业转变。2006 年铜版纸案之后，美国调查的目标产品主要为钢管、轮胎、木地板等劳动密集型产业，2011 年和 2012 年分别对太阳能电池和应用级风电塔提起"双反"调查，2014 年再次对我国出口晶体硅光伏产品发起"双反"调查，调查目标由传统产业向高新技术产业转变。

（三）典型案例分析

案例 62

简要情况

2010 年 10 月 21 日，美国硬木平价联盟代表美国国内产业向美国商务部和美国国际贸易委员会提出申请，要求对原产于中国的复合地板进行反倾销和反补贴调查。2010 年 11 月 18 日，美国商务部决定对原产于中国的复合木地板进行反倾销和反补贴调查。2010 年 12 月 3 日，美国国际贸易委员会作出肯定性反倾销和反补贴产业损害初裁。2011 年 10 月 12 日，美国商务部对该案作出反倾销和反补贴终裁，对来自中国的复合地板征收 0%～58.84% 的反倾销税，征收 0%～26.73% 的反补贴税。2011 年 11 月 9 日，美国国际贸易委员会作出肯定性产业损害终裁。

重点剖析

本案是美国对中国产品发起的第 25 起"双反"调查，该案反映了美国反补贴调查机构的一些典型做法，通过对具体裁决的分析，有助于进一步了解美国反补贴法对补贴的认定规则。

美国对中国反补贴案件中最终认定的补贴项目，大致可以分为以下几大类：税收优惠、优惠贷款、低于合理对价提供产品及服务和政府专项拨款。

1. 税收优惠。

税收优惠在绝大多数美国对中国反补贴案件中均有涉及，其中调查机关认定构成可诉性补贴并予以征收反补贴税的税收项目大体可分为外商投资企业获得的税收优惠和中国本土企业获得的税收优惠。美国以往裁决中认定的对外商投资企业的税收优惠包括"两免三减半"优惠、生产性外商投资企业减免地方所得税的优惠等。对于本土企业，美国商务部在以往裁决中认定的税收优惠包括购买国产设备的税收优惠、对高新技术企业的税收减免以及对研发费用加计扣除的税收优惠。

2. 优惠贷款。

在美国对中国反补贴调查中，认定的优惠贷款的主要形式包括政策性贷款、股东贷款、贴息贷款、出口买方信贷、出口卖方信贷以及债务豁免等。其中政策性贷款是出现频率最高的补贴项目，在大多数反补贴调查案件中应诉企业均被裁定使用了政策性贷款。首先，美国商务部认为中国政府通过其对国有银行和政策性银行的所有权和影响力，对应诉企业提供优惠性贷款，其实质是以资金直接转移的形式实施的财政资助。其次，美国商务部以中国政府在五年发展规划等政策性文件中提出对某些产业予以支持为由，认定补贴具有专向性。最后，美国商务部认为，中国各商业银行与市场经济国家商业运作模式不同，因此在中国政府的干预和控制之下，国内银行贷款利率不能作为比较基准，而应使用外部基准来计算授予的利益。

3. 低于合理对价提供产品及服务。

美国反补贴法将低于合理对价提供产品及服务视为一种可诉性补贴，在对中国反补贴实践中，此类补贴主要包括低于合理对价提供原材料、电力、土地/土地使用权以及水。美国商务部在认定此类补贴时，往往以供应商是否属于国有企业为标准。在大多数案件中，美国商务部以中国政府未向其提供产品所有供应商的所有权状况为由，认定中国政府未提供"完整、全面的信息"，而根据"不利推定"原则，如果不能明确是属于私营企业或是国有企业，一律视为国有企业，因而属于"政府当局"。即便使用者通过私营贸易公司从国有企业处购买原材料，也构成政府补贴，认为国有企业供应的产品价格低于市场价格，相关产品的生产商由此获得了利益。

4. 政府专项拨款。

根据美国关税法的规定，此类补贴属于政府直接转移财政资金形式的补贴，如果同时具有专向性并且企业因此获得了利益，将构成可诉性补贴。在美国对中国反补贴案件中，此类补贴包括国家级的拨款和地方政府的各种拨款，如国家重点技改基金、环保资金资助、外贸发展基金，等等。

该案的焦点主要在"不利事实、不利推定"的使用。美国相关法律规定，如果被诉企业未按要求提供必要的信息，或者未在规定的期限内提供要求的信息，或者严重妨碍调查，或者提供无法核实的信息，则调查机关可以使用"其他可获得的事实"作为裁决的基础；如果调查机关认为被诉企业不合作，未尽最大努力满足调查机关的要求，则调查机关可以在使用可获得的事实时使用"不利推定"。

本案中作为应诉方的 124 家公司在收到答卷后未作出任何答复，被美国商务部认定为"不合作企业"，因而在确定补贴数额时使用了"不利事实"和"不利推定"。由于不能确定企业所处地域，调查机关将先前案例中确定的所有地方性补贴项目均适用于不合作企业。上述做法导致本案 124 家公司最终被征收推算出的 26.73% 反补贴税。

风险提示

国内企业在面对美国的反补贴调查时应以此为鉴，积极面对美国的反补贴调查，消极不应诉只会导致"不利事实、不利推定"的使用，无法保证被诉企业自身获得公平、公正的待遇。一旦被美国调查机关认定为"不合作企业"，将面临两个结果：一是补贴项目繁多，因为所有合作公司经认定的补贴项目都会适用于不合作公司；二是补贴税率畸高，因为对其适用的往往是本案以及既往案例中认定的最高补贴数额。

案例 63

简要情况

2017 年 3 月 9 日，美国铝业协会贸易执法工作组向美国商务部和美国国际贸易委员会提交对中国铝箔的反倾销和反补贴调查立案申请。2017 年 3 月 28 日，美国商务部正式对进口自中国的铝箔启动反倾销和反补贴立案调查。2017 年 4 月 21 日，美国国际贸易委员会作出"双反"产业损害肯定性初裁。2018 年 2 月 27 日，美国商务部作出肯定性终裁，裁定涉案企业倾销幅度为 48.64%~106.09%，补贴幅度为 17.14%~80.97%。2018 年 3 月 15 日，美国国际贸易委员会对该案作出反倾销和反补贴产业损害肯定性终裁。

重点剖析

与以往对中国贸易救济调查不同，美方在发起本案贸易救济调查的同时，启动了中国作为反倾销、反补贴法项下非市场经济国家状况的调查（MES调查）。在"美国优先"政策和中美战略竞争升级的背景下，美国商务部在本案中进行了超规则执法，继续拒绝承认我国的市场经济地位，违规选择替代国（地区）和使用替代价。

根据美国的规定，"非市场经济国家"指调查机关认定的因成本及定价机制未按市场规则运行，从而导致其国内销售价格不能反映商品公允价值的国家。根据相关法律规定，美国调查机关对非市场经济国家进行评估主要考量6个要素：该国货币与其他货币可自由兑换的程度；该国劳动者与用人单位就报酬水平可自由谈判的程度；该国允许外资设立合资企业与其他投资的程度；政府所有或者控制生产要素的程度；政府控制资源分配以及企业价格和产量决策的程度；其他当局认为适当的因素。兜底条款赋予了美国商务部对非市场经济国家认定实体法方面的完全自由裁量权，即使涉案国家和企业对于美方作出的非市场经济国家认定存在质疑，也难以从实体和程序法方面提出有效抗辩，因为该决定不能被司法审查。

《中国加入世贸组织议定书》第15条规定，所有世贸组织成员都应在2016年12月11日后终止对中国反倾销调查和裁决中使用"替代国"做法，包括美国在内的国家（地区）应当以企业国内销售价为基础确定中国产品是否存在倾销，但美方在此案中依然罔顾世贸规则，拒不履行国际义务，继续对中国采用"替代国"这一歧视性做法，违反了其在《中国加入世贸组织议定书》第 15 条下应承担的国际义务。

风险提示

　　由于美国继续将中国认定为非市场经济国家，因此在今后的调查中会继续使用替代国制度来确定产品的生产成本和价格，所以企业在应诉过程中，在选择替代国（地区）的问题上，应争取选择对自己最有利的替代国（地区）；否则，美国商务部会根据申请人提供的信息，裁定较高的税率，将中国的产品阻挡在其国门之外。

二、欧盟对中国反倾销调查的情况及案例分析

（一）欧盟对中国反倾销调查的现状

　　欧盟是最早对中国发起反倾销调查的地区，也是对中国发起反倾销调查较多的国家和地区之一。自 1979 年欧盟对中国的机械闹钟和糖精钠发起反倾销调查到现在，欧盟对中国发起贸易救济调查 172 起，其中反倾销调查 143 起，占比 83.14%，反补贴调查 14 起，占比 8.14%，保障措施 5 起，占比 2.91%，特别保障措施 10 起，占比 5.81%，如图 7-8 所示[①]。

---

　　① 根据中国贸易救济信息网案件统计信息整理，http：//cacs. mofcom. gov. cn/cacscms/view/statistics/ckajtj，最后访问日期：2020 年 8 月 13 日。

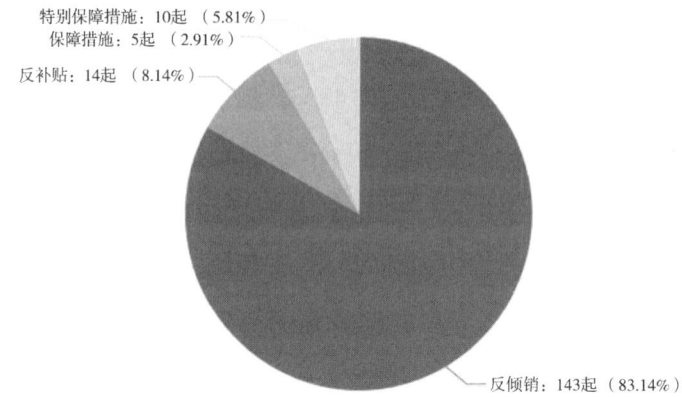

特别保障措施：10起 （5.81%）
保障措施：5起 （2.91%）
反补贴：14起 （8.14%）
反倾销：143起 （83.14%）

图 7-8　欧盟对中国采取的贸易救济手段

从上述统计可以看出，反倾销调查是欧盟委员会最常使用的贸易救济手段。

（二）欧盟对中国反倾销调查的特点

1. 欧盟对中国的反倾销调查涉及的产品范围越来越广。

欧盟对中国反倾销的产品范围广泛，五矿化工、纺织品、机电产品、食品药品、轻工产品等均有所涉及，大到板材、无缝管等钢铁产品，小到打火机、味精等生活必需品，所有出口到欧盟市场的产品，均有被调查的可能性。

在欧盟对中国发起的143起反倾销调查中，排名前三的分别为化学原料和制品工业27起，涉案产品包括甘氨酸、黄磷、氧化锌、对氨基苯磺酸、颗粒状聚四氟乙烯树脂、碳酸钡等，占全部反倾销调查的19%；钢铁工业19起，包括马钢管件、非合金中厚钢板、钢铁铸件、钢铁制紧固件等，占全部反倾销调查的13%；金属制品工业16起，包括铝箔、铝型材等，占全部反倾销调查的11%。涉案行业（前十）分布如图7-9所示①。

---

① 根据中国贸易救济信息网案件统计信息整理，http：//cacs. mofcom. gov. cn/cacscms/view/statistics/ckajtj，最后访问日期：2020 年 8 月 13 日。

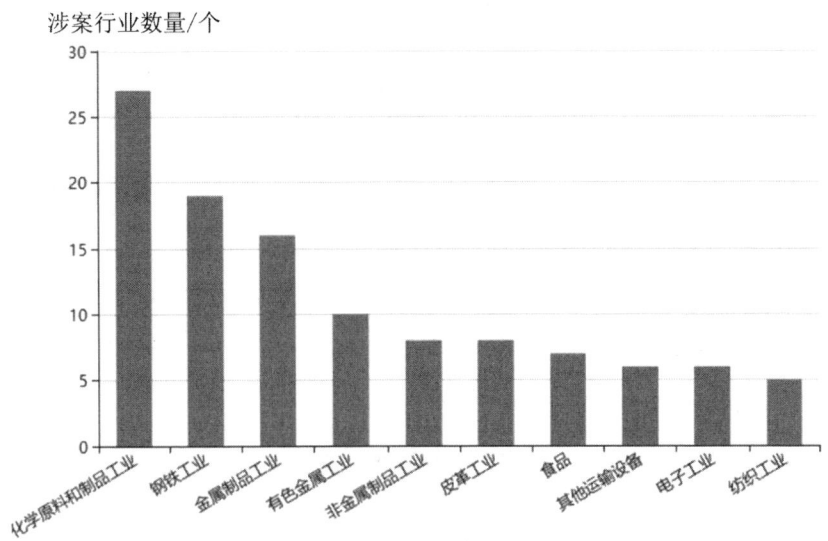

图7-9 欧盟对中国反倾销涉案行业（前十）分布

2. 欧盟对中国反倾销调查多以征税结案，且税额比较高。

根据欧盟反倾销法律，反倾销调查的结果可能有3种：征收反倾销税、无损害结案或者中止调查。近年来，欧盟对中国反倾销调查的结案方式明显呈现出征税案件在全部调查中所占的比重上升，无损害结案或者中止调查的案件越来越少，且征收的反倾销税的税率越来越高的态势。例如，2019年2月21日，欧盟对来自中国的玻璃纤维织物进行反倾销立案调查；2020年4月6日，欧盟委员会作出对中国玻璃纤维织物的反倾销终裁，对来自中国的涉案产品征收37.6%~99.7%的反倾销税。

3. 欧盟对中国反倾销调查具有显著的示范效应。

欧盟对中国的反倾销调查具有示范效应，在欧盟对中国的产品发起反倾销调查以后，有很多其他国家（地区）效仿，纷纷加入对中国反倾销的阵营，陆续对中国的产品发起反倾销调查。以铝箔为例，从2000年2月18日，欧盟对来自中国的铝箔产品进行反倾销调查，并于2001年裁定对中国的铝箔产品征收反倾销税开始，下列国家先后对中国的铝箔产品发起了反倾销调查：2013 年 12 月 21 日，土耳其对来自中国的铝箔进行反倾销调查；2015 年 12 月 15 日，印度对来自中国的铝箔进行反倾销调查；2017 年 3 月 9 日，美国对中国的铝箔产品发起反倾销反补贴调查；2018 年 8 月 28 日，墨西哥对中国的铝箔卷发起反倾销调查；2019 年 3 月 8 日，阿根廷对中国的铝箔发起反倾销调查。

（三）典型案例分析

案例 64

简要情况

2012 年 7 月，欧洲 Solar World 等企业向欧盟委员会提交申请，要求对来自中国的光伏产品进行反倾销调查。我国的相关企业，如英利、天合呼吁欧盟不予立案，但是未取得成效。2012 年 9 月 6 日，欧盟委员会发布公告，对来自中国的晶体硅光伏电池及其关键零部件进行反倾销立案调查。2013 年 6 月 5 日，欧盟委员会作出初步裁决，在 2013 年 8 月 6 日之前对所有中国企业征收 11.8% 的临时反倾销税，自 2013 年 8 月 6 日起征收 37.3%~67.9% 的临时反倾销税，为期 6 个月；2013 年 12 月 5 日，欧盟委员会作出最终裁定，裁定对中国的涉案产品征收 27.3%~64.9% 的反倾销税，同时接受 121 家中国企业的价格承诺申请。

重点剖析

1. 非市场经济地位。

在针对我国实施的反倾销调查中，欧盟一直以"非市场经济地位"对我国出口企业定性，认为我国企业都是在国家的严格控制下，有计划、有目的地进行生产和经营，因此市场没有起到任何自由调配的作用，因此使用替代国（地区）价格来计算正常价值。

非市场经济是指国家经济体制中市场经济不占主导地位，该国家各个方面的经济运行都由政府计划所调控，而市场的自由调配没有发挥任何作用。尽管我国在入世签订承诺的 15 年非市场经济地位在 2016 年底已经到期，但是一些国家（地区）仍未将中国从非市场经济国家的名单中去除。

由于欧盟不承认我国的市场经济地位，因此在反倾销调查中采用替代国（地区）的市场经济体系中投入产出的价格计算出一个不合理的"正常价值"来同我国产品的出口价格进行比较。比如，在本案中，欧盟选择印度作为替代国，但是印度当地的工业基础设施落后，原材料硅的价格比较高，因此计算出来的正常价值与我国产品的实际成本差异巨大，而根据这种方法计算出来的正常价值与我国产品的出口价格比较，必然得出我国出口欧盟的光伏电池及其关键零部件存在倾销的结论，这是极度不合理的。

2. 关于公共利益问题。

《WTO 反倾销协议》没有对公共利益进行直接规定，但是第 6.12 条和第 9.1① 条的规定均体现了这一原则。通过这两条的规定可以看出，其要求反倾销调查当局在权衡各方利弊的前提下作出是否实施反倾销措施的决定，并按照"较少征税原则"来平衡有关的利益，达到既保护国内或区域内行业发展，又不至于过度滥用反倾销导致公共利益受损的目的。而欧盟的反倾销法律明确要求在实施任何反倾销措施之前，调查机关应进行公共利益考察，只有在这种反倾销措施符合欧盟公共利益的条件下，才可实施。

本案中，此次调查的开端是欧盟内部部分光伏生产企业，以中国输欧的光伏产品价格过低为由，向欧委会进行申诉。但是欧委会在调查时，仅仅考虑了相关产业的生存状况，而没考虑区域内部生产企业成本过高的原因，并且征收反倾销税会导致本来物美价廉的光伏产品变得极其昂贵，从而损害广大消费者的利益，所以尽管在欧盟内部投票表决时，以法、德为首的主要成员国对征税的决定并不支持，且总反对票明显大于支持票数，但是欧盟委员会仍然作出了肯定性的裁决。由此可以看出，欧盟委员会在作出本案的裁决时，并没有对公共利益给予充分的考量。

---

① 《WTO 反倾销协议》第 9.1 条规定，在征收反倾销的前提条件都具备的情况下，由反倾销主管机关决定是否征收反倾销税以及是否在倾销幅度范围之内征收反倾销税。

风险提示

欧盟一直不承认中国的市场经济地位，在 15 年的过渡期结束后又提出"市场扭曲"的概念，将此作为理由继续沿用"替代国"的做法。应诉企业在应对欧盟反倾销调查的过程中，如果不进行研究，提出对自己有利的替代国（地区），欧盟委员会很可能就会采纳申请人提出的替代国（地区），提高产品的正常价值，并裁定征收较高的反倾销税率，导致企业失去欧盟市场。

另外，在反倾销调查中，最终决定采取反倾销措施之前应该对公共利益进行考量，一旦征收反倾销税，必然会对涉案产品的下游产业产生影响。所以，中国企业在应诉时，也可以从公共利益的角度出发进行抗辩。如果能够让调查机关认定，征收反倾销税会对公共利益产生重大不利影响，则可能会取得不采取任何反倾销措施的结果。

三、印度对中国反倾销调查的情况及案例分析

（一）印度对中国反倾销调查现状

印度是我国在南亚地区最大的贸易伙伴，也是世界上最具有成长前景的新兴经济体。据统计，2019 年印度与中国双边货物进出口额达到 854.9 亿美元，其中，印度自中国进口 683.7 亿美元，占印度进口总额的 14.1%，印方贸易逆差为 512.4 亿美元，中国是印度第一大逆差来源国①。

---

① 商务部：《国别贸易报告：2019 年印度货物贸易及中印双边贸易概况》，https：//countryreport. mofcom. gov. cn/record/view110209. asp？news_ id=67813。

据统计，1994—2019 年，印度对我国发起的贸易救济案件中，反倾销 233 起，占比 80.34%；反补贴 8 起，占比 2.76%；保障措施 39 起，占比 13.45%；特别保障措施 10 起，占比 3.45%。其中，反倾销调查排名前五的行业分别为化学原料及制品工业（95 起）、医药工业（20 起）、纺织工业（18 起）、非金属制品工业（17 起）和钢铁工业（15 起）。涉案行业（前十）分布如图 7-10 所示①。

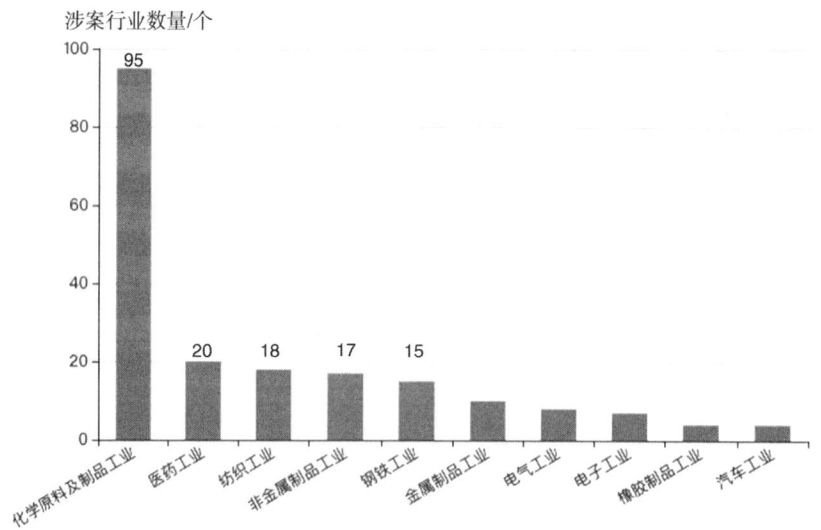

图 7-10　印度对中国反倾销涉案行业（前十）分布

（二）印度对中国反倾销调查的特点

中印两国同属发展中国家，经济水平、产业结构相似，产品竞争性大于合作性，反倾销作为一种有效的贸易保护策略被印度广泛应用。分析历年来印度对我国发起的反倾销调查案件，可以发现如下特点：

---

① 根据中国贸易救济信息网案件统计信息整理，http：//cacs. mofcom. gov. cn/cacscms/view/statistics/ckajtj，最后访问日期：2020 年 8 月 13 日。

1. 立案数量多。

2000 年之前，印度对中国反倾销立案数量每年基本在 7 起以内；中国入世前后印度加大了对中国反倾销调查的力度，每年在 10 起以上；2005—2015 年，立案数量每年维持在 10 起左右，2008 年金融危机期间贸易保护主义抬头，案件数量增至 15 起。

2. 肯定性终裁裁决率高。

从反倾销措施来看，印度从一开始就将中国视为反倾销头号目标国。1995—2019 年，印度对中国实施反倾销措施 187 起，占印度对外实施反倾销措施总数的 26.5%。已对中国发起的 233 起反倾销案件中，肯定性裁决率达到 80%。出现此种情况的原因，一方面是印度仍将中国视为非市场经济国家，因而经常会采用印度企业的制造成本+期间费用+5%的合理利润来构造正常价值；另一方面，中国企业多数以价格占领市场，售价一般较低，因此在用出口价格与构造的正常价值相比时，易被印度调查机关认定为存在倾销。

3. 被调查产品集中于化工领域，涉及行业日益广泛。

相较于其他行业，印度的化工行业集中度较低，易受损害，故涉及该领域的反倾销调查频发，历年化工原料和制品工业被立案调查的总数占比将近 41%。此外，随着中印双边贸易合作的逐步加深，我国向印度输出的商品数量逐渐增多，商品种类日趋多样化，因而印度针对中国出口产品发起的反倾销调查所涉的行业也越来越广泛。

4. 涉案金额持续攀升。

2004 年之前，尽管印度对中国发起反倾销调查的数量较多，但涉案金额远低于美国和欧盟，每年不到 1 亿美元，尚不足以威胁我国的出口贸易。然而自 2005 年起，印度对中国反倾销案件涉案金额不断攀升，到 2016 年已高达数十亿美元，其影响力不容小觑。

5. 征收的反倾销税率较高。

近年来，印度对中国征收的反倾销税率普遍较高。例如，2017 年 2 月 15 日，印度商工部反倾销局对原产于中国的双氯芬酸钠反规避调查作出终裁，建议对生产链前一环节产品吲哚酮同样征收反倾销税，税率高达 2715 美元/吨，高额的反倾销税基本阻断了我国产品出口到印度的路径。

（三）典型案例分析

案例 65

简要情况

2002 年 11 月 25 日，印度商工部反倾销调查局发布公告，称应国内企业 Borax Morarji Ltd 的申请，决定对进口自中国、土耳其、美国的硼酸盐发起反倾销调查。2003 年 3 月 26 日，反倾销调查局作出初裁，认定中国向印度出口的硼酸盐出口价格低于正常价值，存在倾销，印度国内产业遭受到了实质性损害，且损害和倾销之间存在因果关系，决定自公告之日起对进口自中国、土耳其的硼酸盐征收临时反倾销税。2003 年 11 月 21 日，反倾销调查局作出终裁，大连凯美的倾销幅度为 26.58%，其他未应诉出口商的倾销幅度为 96.5%。

重点剖析

这是中国企业第一次在印度反倾销调查中获得市场经济地位待遇。本案初裁时，调查机关认为出口商没有提供充分证据证明其符合要求地获得市场经济地位的标准，因此采用印度国内结构价格的方法确定了中国硼酸盐的正常价值，认定大连凯美进出口集团倾销幅度为96.5%，中国其余企业倾销幅度为132.83%。

大连凯美进出口集团在终裁中提出抗辩，认为在任何其他国家（地区）发起的反倾销调查中，中国的硼砂行业均未被判定为非市场经济。在中国加入世贸组织协议中并没有提及硼砂是受政府控制的行业，因此在这种情况下没有证据表明中国的硼砂行业属于非市场经济行业。根据反倾销规则所提出的标准，大连凯美提供了大量的证据，包括电力供应合同、内部费用规则、费用证明、出口退税、固定资产、纳税、仓储发票、银行贷款协议等，证明公司在硼砂行业并不享有垄断，其定价与成本也不受政府控制，大连凯美及生产商采用的会计体系符合市场经济中的国际规则，调查期内向印度出口的价格与其从私人生产商购买的价格一致，也与国内销售价格以及生产商的生产成本一致。

针对大连凯美集团提出的抗辩，印度商工部决定派调查官员到中国进行实地核查。经过核查，印度调查官初步认定双方提供的数据基本真实可信。反倾销调查局表示大连凯美及生产商能够充分证明自己的管理与控制均完全独立于政府，最终给予合作的中国出口商市场经济待遇。

风险提示

虽然印度与欧美一样不承认中国的市场经济地位，但是应诉企业是可以根据自己的企业状况提出市场经济地位申请的。如果能获得印度商工部的认可，那企业在中国国内的市场价格就可以用来确定正常价值，否则就只能使用替代国（地区）价格来确定倾销幅度。本案中，大连凯美的倾销幅度成功从初裁的 96.5% 降至终裁的 26.58%，最重要的原因就是申请获得了市场经济地位。

案例 66

简要情况

2016 年 10 月 13 日，印度商工部发布公告，接受印度间苯二酚生产商 Atul Limited 申请，对原产于中国和日本的间苯二酚产品发起反倾销调查。2017 年 9 月 27 日，印度商工部发布公告，将上述案件的终裁延期到 2018 年 1 月 12 日。2018 年 1 月 4 日，印度商工部发布终裁，认定"从中国和日本出口到印度的间苯二酚产品的出口价格低于其正常价值，存在倾销；印度的间苯二酚产业遭受了实质性的损害，且该实质性损害是由中国和日本的倾销产品所导致的"，因此决定对来自中国和日本的涉案产品征收 5461 美元/吨的反倾销税。

重点剖析

反倾销调查最重要的是确定涉案产品是否存在倾销，而确定进口产品的正常价值是调查机关确定是否存在倾销，进而确定倾销幅度的重要前提。采用不同的正常价值标准，倾销幅度会截然不同，甚至是导致倾销不存在。因此，在具体案件中，"正常价值"的确定标准往往也是最具争议的问题。

印度反倾销法律规定，如果是来自非市场经济国家的进口产品，其正常价值确定的顺序是：利用市场经济第三国的价格或者结构价格，或者从第三国出口到包括印度在内的其他国家的价格。在上述方法不可行的情况下或者有其他合理的理由，调查机关可以考虑相同产品在印度实际支付或者应支付的价格，并做出适当的调整，以包括合理的利润幅度。也就是说，在确定来自非市场经济国家的进口产品的正常价值时，只有在先前顺序不可能的情况下或其他合理的理由时，才可以采用在印度相同产品实际支付或应支付的价格，并包括适当的调整以包括合理的利润。

但是，在本案中，印度商工部反倾销调查局对不适用确定正常价值的第一种方法和第二种方法未给予任何解释，就直接以第三种方法，即相同产品在印度实际支付或应支付的价格为依据来确定正常价值。据此，调查机关按照原材料的消耗量，主要原材料的国际市场价格、转换率、利息、销售管理费以及5%的利润率计算结构正常价值。

这种结构正常价值存在一定的不合理因素。首先，本案中结构正常价值时是以调查机关可获得的原材料的消耗量及转换率以及印度国内产业的管理、销售、一般费用和5%的利润来确定的。虽然中国和印度的发展水平有相似之处，但是在化工行业，无论是在科技含量、工艺流程上，还是在资源比较优势上，印度和中国都有很大的差别。间苯二酚在印度的生产成本与在中国的生产成本不应是可比的，印度商工部反倾销调查局否认了中国在科技含量和工艺流程上的优势，因而否认了中国在原材料消耗量上的优势。此外，销售费用、管理费用和财务费用方面，印度与中国也并不相同。例如印度 2018 年一年期商业贷款的基准利率为 8.45%，而中国一年期商业贷款的基准利率为 4.35%，相差将近一倍，所以这种方法确定的正常价值对中国企业来说是很不利的，因此对中国产品征收高额反倾销税的可能性大为提高。

风险提示

与欧美国家（地区）相同，虽然 15 年的过渡期已经结束，但是印度仍然不承认中国的市场经济地位，而继续以替代方法来结构涉案产品的正常价值。所以，企业在应诉过程中，除了积极申请市场经济地位待遇外，也应该对替代国（地区）的选择作出抗辩，否则只能因被征收高额的反倾销税，而不得不放弃印度市场。

四、墨西哥对中国反倾销调查的情况及案例分析

（一）墨西哥对中国反倾销调查的现状

随着贸易全球化的推进，中国和墨西哥贸易往来日益频繁。作为拉美地区的经济大国之一，墨西哥拥有丰富的自然资源，是中国在拉美地区的第二大贸易伙伴。2013 年，中墨两国由"战略伙伴关系"提升为"全面战略伙伴关系"，两国经贸合作范围更广，经贸往来更加频繁。与此同时，两国之间的贸

易摩擦问题也逐渐凸显，其中尤为突出的是墨西哥对中国出口产品频繁发起反倾销调查，以及采取高比例的反倾销措施。

墨西哥是发展中国家（地区）中较早使用反倾销措施的国家（地区），1990 年开始对中国出口产品启动反倾销立案调查，在实践中往往习惯对我国采取歧视性的反倾销政策，在 20 世纪 90 年代中期曾一度为继美国、欧盟、澳大利亚的反倾销措施第四大使用国（地区）。目前，墨西哥是继美国、印度、欧盟、阿根廷、土耳其、巴西和澳大利亚的第八大反倾销国（地区）。

（二）墨西哥对中国反倾销调查的特点

1. 反倾销数量逐年上升。

从墨西哥对中国反倾销数量来看，据统计，1995—2019 年，墨西哥对中国共发起了 62 起反倾销调查，其中 45 起最终采取了反倾销措施，各占同期墨西哥对国外发起的 161 起反倾销调查案件的 38.51% 和 137 起反倾销措施案件的 32.85%，中国已经成了墨西哥反倾销调查及实施反倾销措施的首要目标国。从立案年份分布来看，墨西哥对我国立案调查数量呈逐年上升趋势，其中 2013 年和 2014 年反倾销调查案件最多，各达 6 起。

2. 金属制品涉案最多。

从涉案行业分布来看，排名前三的行业分别为金属制品工业（25 起），钢铁工业（8 起），文体、工美和娱乐用品（8 起）。由此可以看出，金属制品是中国遭受墨西哥反倾销调查和反倾销措施最多的产品，其中钢铁产品占据着较大比重。涉案行业（前十）分布如图 7-11 所示①。

---

① 根据中国贸易救济信息网案件统计信息整理，http：//cacs. mofcom. gov. cn/cacscms/view/statistics/ckajtj，最后访问日期：2020 年 8 月 13 日。

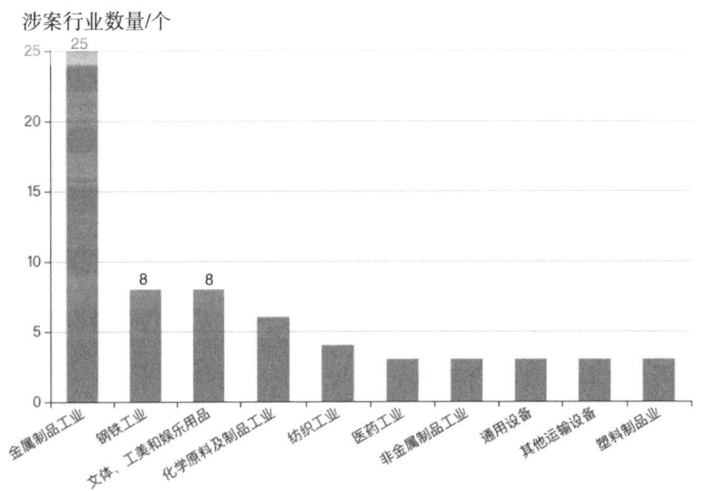

图7-11　墨西哥对中国反倾销涉案行业（前十）分布

3. 墨西哥在反倾销调查中视中国为非市场经济国家。

在对中国反倾销实践中，墨西哥一直视中国为非市场经济国家，在衡量中国对墨出口产品的正常价值时，几乎全部采用针对非市场经济国家的替代国（地区）的歧视性方法。1995—2015年，在墨西哥对中国发起的52起反倾销调查中，除了1999年便携式打字机案采用了中国国内价格外，其余51起案件均无一例外地采用了替代国（地区）同类产品价格作为正常价值①。

4. 钢铁产品是中国遭遇墨西哥反倾销调查的重灾区。

首先，尽管墨西哥国内铁矿资源丰富，但钢铁产业一直发展滞后，且企业大多规模较小，欠缺高端化品种，易受国外进口钢铁产品的冲击，因此墨西哥政府一直将钢铁产业作为重点保护和扶持的对象。其次，中国作为墨西哥钢铁产品的第二大进口来源国，产品技术含量和附加值较低，出口企业为解决产能过剩、争夺墨西哥市场份额竞相降价，存在倾销嫌疑，在以上因素的交叉影响

---

① 宋利芳：《WTO框架下的墨西哥对华反倾销及中国的对策》，载《拉丁美洲研究》2017年第1期。

下，墨西哥频频对中国的钢铁产品发起反倾销调查。

案例 67

简要情况

2009 年 9 月 4 日，墨西哥经济部发布公告，应 TAMSA 公司（Tobos de Acero de México, S. A.）的申请，决定对原产于中国的无缝钢管进行反倾销立案调查。2010 年 5 月 25 日，墨西哥经济部作出初裁，对成本低于 1561 美元/吨的钢管征收临时反倾销税，税率为出口价与参考价之间的差额，税率不高于产品价格的 36%。2011 年 2 月 24 日，墨西哥经济部作出终裁，当涉案产品进口价格低于 1772 美元/吨时，对其征收税额为进口报关价与上述限价之间的差额乘以进口单据上注明的进口产品数量（吨），所征收反倾销税不得高于海关完税价格的 56%①。

重点剖析

1. 损害评估问题。

本案中，墨西哥经济部对其国内产业遭受损害的认定过程值得商榷。根据《WTO 反倾销措施协定》，调查机关应当评估可能导致国内产业遭受损害的其他因素。本案中，墨西哥当时只有一家生产无缝钢管的企业，无法排除该生产商垄断国内产业的可能。如果该生产商营利性受到损害是由其垄断、定价不合理导致，就不能将相应负面影响

---

① 参见中国贸易救济信息网，载 http：//cacs. mofcom. gov. cn/cacscms/case/ckys? nodeId = 53d8a6e2658900eb01658a011c5002f1#2011 - 02 - 24，最后访问日期：2020 年 9 月 18 日。

归咎于我国涉案企业的出口行为。此外申诉方主要销往墨西哥PEMEX 石油公司，调查期间该公司石油产量呈下降趋势，对无缝钢管的需求量自然也会随之下降，这也是一项应当审慎评估的重要影响因素，但墨西哥经济部没有出示具体数据就声明这些因素的影响可以忽略不计。

2. 替代国选择问题。

本案终裁中，墨西哥经济部采纳了申诉方提出的以美国或巴西为替代国的主张，决定以巴西的相关数据来计算中国涉案产品的正常价值，这是非常不合理的。巴西生产的直径为 14 个单位的无缝钢管能否作为中国生产的直径为 16 个单位的无缝钢管的"相似产品"值得质疑。墨西哥法律规定，"相似产品"指的是虽然并非在所有方面均相同，但其特点和组成相似，可以执行相同的功能，并且在商业上可与被比较的产品互换。本案中，涉案产品为直径从 5 个单位到 16 个单位的无缝钢管，但是替代国巴西并不生产直径为 16 个单位的无缝钢管。申诉方认为，实践中直径为 16 个单位的无缝钢管与 14 个单位的无缝钢管价格相同，因此，以直径为 14 个单位的无缝钢管的价格作为直径为 16 个单位的无缝钢管。但是价格相同并不等同于特点、组成和功能相同，申诉方提出的理由不满足法律规定对"相似产品"的定义。

风险提示

在反倾销调查中，裁定征收反倾销税的条件是涉案产品存在倾销，涉案产品的进口对国内生产同类产品的国内产业造成损害，并且倾销与损害之间存在因果关系。所以，在反倾销调查中，应诉企业也可以从相关国内产业的损害与因果关系方面着手，如果能够认定产业损害不存在或者因果关系不成立，则也可能取得优势，继而以原有的条件向有关国家（地区）出口。

另外，由于墨西哥同样不承认中国的市场经济地位，在反倾销调查中会通过替代国（地区）的方法来确定涉案产品的正常价值。如果应诉企业不提出抗辩，那墨西哥经济部确定的替代国（地区）经常是根据申请人提供的信息确定，申请人在提供替代国（地区）时考虑的必然是对其有利的国家（地区）。所以，中国企业在应诉墨西哥对中国产品发起的反倾销调查时，需要对替代国（地区）的选择提出抗辩，并提供相关的证据予以支持，否则调查机关很可能会采纳申请人提出的意见，而作出对应诉企业不利的决定。

五、澳大利亚对中国反倾销调查的情况及案例分析

（一）澳大利亚对中国反倾销调查现状

从反倾销调查的数量来看，据统计，1995—2019年，澳大利亚对中国共发起了59起反倾销调查，其中30起已裁决征收反倾销税，各占澳大利亚发起的351起反倾销调查案件的16.8%以及实施的168起反倾销措施案件的17.9%。2020年，在新冠肺炎疫情影响下，澳大利亚对中国反倾销立案数量骤然增多，仅前7个月立案数量就达5起。

从反倾销涉案产品来看，据统计，1995—2019年，澳大利亚对中国发起的反倾销调查共涉及中国输澳的13个行业的产品，其中排名前三的行业分别为

金属制品工业（16起）、钢铁工业（14起）、非金属制品工业（9起）。涉案行业（前十）分布如图7-12所示①。

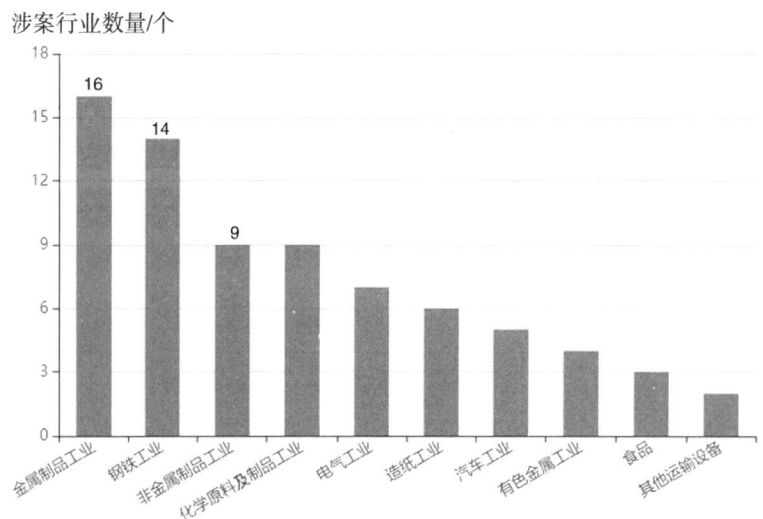

图7-12   澳大利亚对中国反倾销涉案行业（前十）分布

关于反倾销调查结果，据统计，1995年—2020年7月，澳大利亚对中国发起的65起反倾销调查案件中，5起案件仍在调查中，30起案件实施了最终反倾销措施，而另外30起以无措施结案②。2008年6月6日立案的可拆卸车轮反倾销案裁定的最终反倾销税率为239.1%，是截至2021年8月澳大利亚对我国涉案产品认定的最高税率，而反倾销、反补贴合并税率最高的是2011年焊缝管案，该案合并税率高达100.8%③。

---

① 参见中国贸易救济信息网，载 http：//cacs. mofcom. gov. cn/cacscms/case/ckys？nodeId=53d8a6e2658900eb01658a011c5002f1#2011－02－24，最后访问日期：2020年9月18日。

② 截至2020年8月。

③ 参见宋利芳：《WTO框架下澳大利亚对华反倾销状况及其中国对策》，载《亚太经济》2016年第2期。

（二）澳大利亚对中国反倾销调查的特点

1. 中国是澳大利亚反倾销的首要目标国。

澳大利亚频繁对我国出口产品发起反倾销调查受多重因素影响。一方面是中国对澳大利亚出口额快速增长，据统计，2019 年中澳双边贸易额为 1589.7 亿美元，增长 10.9%，中国继续保持为澳大利亚第一大贸易伙伴。另一方面则是两国之间非对称的反倾销格局，2018 年之前，尽管中国深受澳大利亚反倾销调查之苦，却没有对澳大利亚低价、降价进入中国市场的出口产品发动任何反倾销调查。2018 年 11 月，针对澳大利亚大麦启动了首例反倾销和反补贴调查，2020 年 8 月对葡萄酒发起了第二起反倾销和反补贴调查。

2. 承认中国市场经济地位却依然采用替代国（地区）数据。

1996 年之前，澳大利亚一直不承认中国的市场经济地位；1996 年之后，其将中国看作转型经济国家；2005 年 4 月 18 日，澳大利亚正式承认中国的完全市场经济地位。2005 年之前，澳大利亚针对我国涉案企业通常采取针对非市场经济国家的替代国（地区）方法，在调查过程中往往以印度、韩国、新加坡、墨西哥等国家（地区）同类产品的成本和价格为基础，来计算我国涉案产品的正常价值，导致我国企业被裁定存在高幅度倾销的几率较大。

3. 经济下行压力越大对中国反倾销案件越多。

澳大利亚对中国反倾销反补贴案件首发于 2008 年并在之后呈现愈演愈烈的态势，这与其国内经济下行压力大有着密切的关系，往往在失业率较高的年份采取的贸易救济措施数量也多。2008 年受全球金融危机影响，澳大利亚经济增长下滑，失业率上升，国内贸易保护主义日益抬头，政府为扶持国内产业发展，不断强化贸易保护措施，出台了一系列有关反倾销和反补贴的政策法案，以加强对外国进口产品特别是进口制成品的限制。

案例 68

简要情况

2015 年 6 月 23 日，澳大利亚反倾销委员会决定对原产于中国的进口盘条进行反倾销立案调查。中国两家出口商——湖南华菱湘潭钢铁有限公司（以下简称湖南华菱）、江苏沙钢集团有限公司（以下简称江苏沙钢）选择应诉并提交了答卷。2015 年 11 月 27 日反倾销委员会经调查后作出肯定性初裁，后于 2016 年 2 月 15 日修改初裁结果，将湖南华菱临时反倾销税由 9.5% 上调至 32.1%，江苏沙钢临时反倾销税由 13.1% 上调至 28.2%。2016 年 4 月 22 日，澳大利亚作出终裁，裁定湖南华菱和江苏沙钢的反倾销税率分别为 44.1% 和 37.4%，未合作企业及其他出口商的税率为 53.1%。

重点剖析

笔者分析本案的裁决，发现一个熟悉的用语，即"特殊市场状况"。近十年来，澳大利亚在反倾销调查中对中国出口产品进行事实上的非市场经济歧视就与此有关。澳大利亚虽于 2005 年承认了中国市场经济地位，但在实际反倾销调查过程中仍然通过"特殊市场状况"的规定，持续采用替代国（地区）价格认定倾销幅度。

本案中，调查机关针对中国盘条市场是否存在"特殊市场状况"进行了审查，由于中国政府未提交澳大利亚发放的"政府问卷"，因此调查机关决定根据最佳可获得信息来判断中国政府对市场状况的影响。

由于盘条是广义的中国钢铁产业的一部分，调查机关对市场状况的审查考虑了中国政府对广义的钢铁产业的影响，认为中国政府的扶持使得对高炉的投资增加，从而导致盘条的供应量过大，价格持续降低。因此，调查机关认为调查期内盘条的国内销售价格不能用于确定涉案产品正常价值，从而构造了正常价值。

澳大利亚海关法律仅规定如果出口国市场存在某种情形，以至于无法据此确定正常价值，则应当适用"结构价格"，但并未对"特殊市场状况"的概念进行规定。2015年修订的《反倾销与反补贴手册》中，澳大利亚反倾销委员会针对调查机关认定"特殊市场状况"时需要考虑的因素进行了规范①。该手册规定，"政府影响"本身不足以认定存在"特殊市场状况"，调查机关除了需要对"政府影响"进行评估外，还需要对"国内销售的适当性"进行判断②。

本案中，澳大利亚调查机关并未列出任何一项中国政府管控原材料市场的直接证据；在评估"国内销售不适当"方面，仅审查我国国内成本和价格是否明显低于第三国竞争市场价格，没有考虑低价背后是否有自然资源影响以及"政府影响"对市场的实际扭曲程度，实际上降低了手册规定的法律和证据标准。澳大利亚反倾销委员会在未能证明"政府影响"扭曲了涉案产品的国内价格且没有审查"特殊市场状况"是否影响了国内销售与出口销售的可比性的情况下，就认定我国存在特殊市场情况，这明显与法律规定不符。

---

① 包括出口国国内市场价格是否人为偏低，以及是否存在使得国内销售不适合用于计算正常价值的其他市场情况。

② 齐琪、杜仲霞：《〈特殊市场情况〉的规则解释与中国因应——以澳大利亚对华反倾销中的实践为例》，载《华东经济管理》2018年第6期。

> **风险提示**
>
> 　　虽然澳大利亚在 2005 年承认了中国的市场经济地位，但是由于其"特殊市场状况"的规定，澳大利亚在对中国的有些案件中仍然使用替代国（地区）价格来确定正常价值，从而人为地提高涉案产品的倾销幅度，所以在有些案件中，政府与企业的配合至关重要。本案中，澳大利亚的调查机关即以中国政府未提交答卷为由，根据可获得的信息来进行审查，进而认为盘条市场存在特殊市场状况，并作出了对我国企业不利的裁决。

六、加拿大对中国反倾销调查的情况及案例分析

（一）加拿大对中国反倾销调查现状

作为世界上第一个正式对反倾销进行立法的国家，加拿大可谓是世界贸易救济领域的"先驱"，与美国、欧盟、澳大利亚一样，加拿大也属于"资深"反倾销国家（地区）。一直以来，加拿大注重利用非关税措施来保护本国经济和产业利益，是世界上运用反倾销措施较多的国家（地区）之一。

据统计，1981—2020 年，加拿大发起的贸易救济案件中，反倾销 257 起，远高于反补贴（70 起）、保障措施（4 起）、特别保障措施（2 起），占加拿大贸易救济调查总数的 77.18%。

自 1995 年以来，加拿大对中国发起的贸易救济案件中反倾销 44 起，占比 57.14%；反补贴 27 起，占比 35.06%；保障措施 4 起，占比 5.19%；特别保障措施 2 起，占比 2.60%。反倾销是加拿大针对中国产品最主要的贸易救济措施，反倾销调查中主要涉案行业为金属制品工业（18 起）、钢铁工业（7 起）、

木材及制品工业（3起）。涉案行业（前十）分布如图7-13所示①。

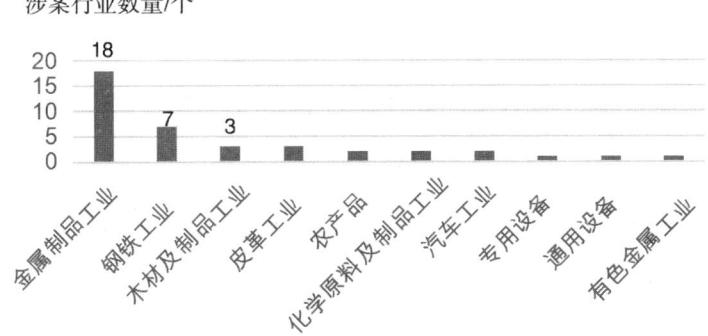

图7-13　加拿大对中国反倾销涉案行业（前十）分布

（二）加拿大对中国反倾销调查的特点

通过梳理1981—2020年发起的55起反倾销调查案件，笔者认为加拿大对中国反倾销调查具有如下特点：

1. 对中国反倾销立案数量呈增加趋势。

2000年之前，加拿大对中国反倾销立案数量较少，1981—1999年，立案总数为14起，平均每年为0.7起，其中1983年的数量最多，为3起。进入21世纪，加拿大对中国反倾销立案数量呈明显增长趋势，平均每年为2起。

2. 涉案产品较为集中，且采取最终反倾销措施的比例较高。

2010年前轻工产品涉案频率最高，2010年之后，有色金属、金属制品、建材冶金工业是加拿大对中国反倾销的主要涉案领域。此外，截至2020年7月，加拿大对中国启动的55起反倾销调查案件中54起均作出反倾销终裁，已经裁决的案件大多数都征收了反倾销税。虽然加拿大对中国反倾销案件数量较一些国家（地区）低，但其最终裁决税率却比较高。

---

① 根据中国贸易救济信息网案件统计信息整理，http：//cacs. mofcom. gov. cn/cacscms/ view/statistics/ckajtj，最后访问日期：2020年8月13日。

3. 反倾销调查往往同时伴随反补贴调查，且发起"双反"调查的数量呈上升趋势。

"双反"调查既可能是针对同一出口国的被调查产品，也可能是针对某一出口国的被调查产品只进行反倾销调查，同时对另一出口国的被调查产品进行反补贴调查，之后在初裁和终裁中对反倾销调查和反补贴调查分别作出裁决。2004 年之前，加拿大仅对中国的热轧碳钢板和耐腐蚀钢板同时提出反倾销和反补贴调查；2004 年之后，加拿大对中国提起 30 起反倾销调查中，单独提起反倾销调查的涉案产品仅有 3 起，其余 27 起都同时启动了反补贴调查。

案例 69

简要情况

2001 年 9 月 20 日，加拿大国内企业向海关税务署提出申诉，要求对中国的汽车挡风玻璃产品进行反倾销调查。2001 年 12 月 8 日，加拿大海关税务署发布公告，对来自中国的汽车挡风玻璃产品发起反倾销调查。立案后，福耀、奔迅、信义、港湾 4 家出口企业进行了应诉。2002 年 2 月 15 日，加拿大国际贸易法庭初裁产业损害成立后，加拿大海关税务署在 5 月 2 日作出初裁，认定福耀玻璃公司临时反倾销税为 57%，深圳奔迅公司为 51%，深圳信义公司为 36%，东莞港湾汽车玻璃有限公司为 40%；2020 年 7 月 31 日，海关税务署发布终裁，其中奔迅、信义、港湾的倾销幅度为 0%，福耀为 24.09%，并决定将对福耀产品加征关税。不甘此终裁的福耀派出了工作小组参加了国际贸易法庭的公开听证会，向法庭展示了大量事实，批驳了 PPG 公司假反倾销之名，行控制市场损害消费者之实，获得了裁决法官的认同，并于 8 月 30 日公布了最终裁定，驳回了 PPG 公司的申诉。

> **重点剖析**

本案是加拿大对中国反倾销案中第一起获得市场经济待遇的案件。加拿大在法律中对"市场经济国家"和"非市场经济国家"的概念没有进行明确区分，一般做法是在具体案件中判定涉案产业是否为市场经济行业。长期以来加拿大反倾销调查机关一贯认为中国是非市场经济国家，涉案中国行业亦为非市场经济行业，因此通常使用同类产品在第三国（地区）即替代国（地区）的价格或成本来确定正常价值。

加拿大主要采取以下方法确定非市场经济国家的正常价值：1. 使用替代国（地区）生产商出售同类产品的价格，并对之进行相应的调整①；2. 使用替代国结构价格，即以替代国（地区）产品的生产成本加合理的管理、销售和一般费用以及合理的利润作为确定正常价值的基础②；3. 当无法提供充分有效的信息按上述两种方法确定正常价值时，使用替代国（地区）同类产品在加拿大正常贸易过程中的转售价格，即进口商将从替代国（地区）进口的同类产品出售给无关联买主的价格，并对之作相应的调整③；4. 当无法提供充分有效的信息而未

---

① 加拿大《特殊进口措施法条例》第 20 条第 1 款 c 项（i）。
② 加拿大《特殊进口措施法条例》第 20 条第 1 款 c 项（ii）。
③ 加拿大《特殊进口措施法条例》第 20 条第 1 款 d 项。

能按上述 3 种方法确定正常价值时，署长根据可获得的最佳信息合理确定正常价值①。

本案中，加拿大海关税务署经过实地核查认为中国政府在挡风玻璃工业的出口贸易上不存在垄断或实质垄断。中国政府对国内销售价格也没有实质决定权，且没有足够理由相信该价格不同于市场竞争条件下的价格。加拿大海关税务署据此认定中国的挡风玻璃产业是在市场条件下运行，因此在该案中对中国不适用替代国方式，而是直接适用中国应诉企业的国内销售价格来计算其正常价值。

该案对于中国企业应诉加拿大的反倾销调查具有十分重要的意义。自 2003 年起，加拿大调整了其对非市场经济国家的反倾销政策，将市场导向行业的举证责任从出口国被诉方转向了进口国申诉方，加拿大申诉方如果没有在申诉书中提出证据，证明被调查行业存在政府实质决定国内价格的情况，涉案行业将自动享受市场导向行业待遇；如果申诉方提供充分证据证明存在上述情况，海关税务署就会对是否为市场经济导向行业展开调查，由中国政府和企业承担举证责任。

风险提示

虽然加拿大不承认中国的市场经济地位，但自 2003 年起其关于市场导向的举证责任从应诉方转向了起诉方，所以在应对加拿大的反倾销调查时，如果申请人没有就市场导向问题举证说明，那调查机关可以根据应诉企业的国内销售价格来计算正常价值。这对应诉企业填

---

① 加拿大《特殊进口措施法条例》第 29 条。

报出口交易、内销交易以及成本的完整性、准确性的要求显著提高，如果企业填报的答卷中有些数据与审计报告或者财务系统无法对应或者钩稽，则可能被海关税务署拒绝，其仅根据可获得的事实作出裁决。另外，如果企业在日常销售中，已根据国内销售价格来确定出口价格，那完全可以通过积极应诉获得较低的税率，甚至是零税率。

第三节　企业应对"双反"调查的对策建议

自 20 世纪 90 年代以来，在经济全球化的推进中，贸易保护主义也达到了一个新的顶点。它们改变了原来的保护策略和手段，以更加隐蔽的方式实现贸易保护主义的目的，反倾销反补贴即是许多国家（地区）经常采用的一种主要的贸易保护手段。尤其是随着中国经济的发展，中国不但成为发达国家（地区）的反倾销反补贴针对的目标国，越来越多的发展中国家（地区）也开始对中国的出口产品发起反倾销反补贴调查，以实现保护本国（地区）国内产业、遏制中国产品出口的目的。对此，相关企业可以通过以下措施应对。

一、积极应诉是应对"双反"调查的关键

在有关国家（地区）的调查机关发起反倾销或者反补贴调查以后，涉案企业应该充分做好各项准备，在时限内积极应诉。目前我国企业应诉率仍然较低。例如，2014 年 10 月 28 日，印度对我国企业出口的三聚氰胺餐具和出具产品发起反倾销调查，我国没有企业参与应诉，最终所有企业被收取每吨1284.16 美元的反倾销税。又如，在美国对中国铝箔的反补贴调查中，鲁丰香港和迈奈金工业在被抽中作为强制应诉企业而拒绝应诉以后，其在初裁和终裁

中均被裁定征收 80.97% 的最高税率，是参与调查的应诉企业与其他企业的 4 倍。

二、积极争取市场经济地位

反倾销调查中，很多国家不承认中国的市场经济地位。在不承认中国市场经济地位的情况下，在计算相关产品的正常价值时，就会采用替代价格确定。比如，在美国对中国的反倾销调查中，美国商务部在实践中常常采用印度、马来西亚、泰国、巴西、巴基斯坦等国家（地区）作为替代国（地区），以替代国（地区）的价格来确定会存在很大的不确定性，非常可能导致存在高额的倾销幅度。但是，有些国家（地区）则允许企业申请市场经济地位待遇，比如印度规定，如果中国和俄罗斯反倾销应诉企业提交充分的书面证据证明其符合市场经济条件，调查当局可以对其不适用非市场经济规则，而适用市场经济规则。所以在应对印度等国家（地区）的反倾销调查时，可以提出申请，争取获得市场经济地位。

三、合理利用价格承诺

价格承诺是指在调查机关作出初步裁决存在倾销或者补贴、行业损害及其因果关系后，如果出口商主动承诺提高有关商品的出口价格或停止以倾销价格出口，并且得到调查当局的同意，那么反倾销调查程序可以暂时中止或终止，不采取临时措施或征收反倾销税。价格承诺对认定存在补贴或倾销的出口商是有利的，这样做不会使其失去相关市场。因为反倾销税是由进口商来承担，凡是被征收反倾销税的产品，被裁定企业的出口市场都会急剧缩小。如果出口企业为此给予进口商一定补贴，进口国（地区）将会加倍征收反倾销税。而价格承诺的责任由出口商承担，尽管出口价格会立即提高，但是不会因此丢掉市场。价格承诺可以由调查机关提出，也可以由应诉企业提出，只是提出价格承诺应该把握时机。如果在倾销幅度和损害程度尚未确定的情况下就提出价格承诺，则会为自己背上无辜的包袱；价格承诺提出得过晚，也可能错过提出价格承诺的期限，而丧失进行价格承诺谈判的机会。

四、新出口商可积极利用新出口商复审程序

新出口商复审是对新出口商提出的复审申请进行审查的程序。新出口商是指在原始反倾销调查期内未向调查国（地区）出口被调查产品，在反倾销调查期后才开始向调查国（地区）出口被调查产品的国外生产商或出口商。由于新出口商在原始反倾销调查中无法与调查机关合作，因此其向调查成员出口被调查产品只能按照原始调查终裁中确定的"其他税率"来缴纳反倾销税，这使新出口商无法向调查国出口或使其出口变得极为困难。新出口商可依照相关国家（地区）的规定程序向进口国（地区）的调查机关提出新出口商复审的要求，调查机关根据其实际出口情况，为其确定单独的反倾销税率。

五、建立健全预警机制

建立并及时更新相关数据库，健全自身的预警机制，可在反倾销、反补贴来临之际，应对得当，减少损失。企业主要可从以下 4 个方面做准备：第一，完整收集并密切关注进口国（地区）的调查机关发布的年度反倾销报告。通过该报告，可以了解哪些产品在被调查，哪些产品被取消了调查，尤其是后者，更应该给予关注。第二，完整收集并关注美国、欧盟、印度、阿根廷、巴西等国家（地区）对我国企业采取同样的行动。第三，收集、了解商务部进出口公平贸易局发布的预警信息，以免在面对反倾销调查时，无回应或应对无力。第四，收集、审阅世贸组织发布的相关信息，进一步掌握印度、美国、欧盟等国家（地区）对中国反倾销调查的有关信息。

六、采取"走出去"战略，利用对外直接投资规避"双反"调查

企业在被征收反倾销税以后，也可以考虑通过对外直接投资的方式，选择在第三国制造商品，然后通过第三国将商品出口到世界其他国家（地区）。在

进行对外直接投资时，企业可利用有关国家（地区）政府鼓励吸引外商投资建设措施的良好契机，在当地制造生产加工基地，防止当地的反倾销。此外，笔者建议选择具有潜在比较优势的产业，由于技术差距的存在，一些在国内将被淘汰的产业，在其他发展中国家（地区）还具有一定的生存空间。

第八章

其他国家（地区）对中国企业的出口管制及企业合规应对

随着国际经济全球化的发展，国家之间经济与技术的相互联系与依存度的提升，为经济法律的域外管辖（长臂管辖）提供了丰实的基础。这样的形势在出口管制和经济制裁领域有着更为突出的体现。近几年，受多方面因素的影响和推动，全球主流国家（地区）均显著加强了在出口管制方面的执法力度，尤以美国为甚。

对于中国企业来说，开展有涉外因素的业务，即便经营行为只是发生在中国国内，仍然需要遵循其他国家（地区）的出口管制法律规定，仍然要确保合规。特别是一些重点行业，出口管制与经济制裁执法已经不仅仅是存在于新闻中的遥远事物，而是现实的威胁。如果违反相关法律法规，企业可能面临被处以巨额经济处罚的风险，或者因被列入管制与制裁清单而导致日常经营实质性受阻。面对这样的形势，中国企业绝不可轻视，应积极了解掌握相关国家（地区）的规则，根据自身的业务情况采取措施、谨慎应对。

为应对防范海外出口管制方面的合规风险，最有效的举措是建立一套完善的合规管理体系。一方面，可以达到事前识别防范风险的目的；另一方面，万一后续发生调查执法事件，还能起到降低事件严重程度、减轻处罚的作用。

第一节　美国出口管制规则与合规要求

一、美国出口管制立法情况

美国的出口管制规则是全球各个国家中最为复杂全面的，且域外管辖效力最强，执法力度也最大。美国的出口管制立法体系分为多边出口管制体系、联邦层面的法律、联邦政府部门制定的出口管制法规3个层次。在联邦政府部门制定的出口管制法规中，商务部工业与安全局（The Bureau of Industry and

Security，BIS）负责执行的有关军民两用产品出口管制的《出口管制条例》（EAR）与中国企业的关系最为紧密。本章将重点介绍这部分内容。

EAR 旨在服务于美国的国家安全、外交政策、不扩散大规模毁灭性武器和其他利益。EAR 的结构是逻辑化的，篇幅冗长且非常详尽。BIS 认为这种细节和精确性能够符合公众利益，并且确实能达到这种效果。

对于 EAR，有两个方面的特点非常值得关注。

一是其广泛深入的域外管辖权，集中体现在对再出口、国内转让、混合产品、直接产品的限制上，即便是美国以外的企业也会受到约束和管辖。因此中国企业也需要了解 EAR 的规则，避免违规的风险。EAR 在其第 732 部分提供了确定 EAR 下企业承担的义务的操作步骤，以供企业判断交易是否受到 EAR 管制。具体步骤如表 8-1 所示。

表 8-1　EAR 下企业承担义务的操作步骤

阶段	步骤顺序	步骤名称	说明
关于 EAR 管制范围的操作步骤	步骤 1	受其他联邦机构专属管辖的物项	确定公司的产品是否受到 EAR 的管控
	步骤 2	公开可用的技术和软件	
	步骤 3	美国原产地物项再出口	
	步骤 4	含有受管制的美国原产物项的外国制造物项	
	步骤 5	直接产品规则	

表8-1　续

阶段	步骤顺序	步骤名称	说明
与 10 项禁止性规定有关的操作步骤	步骤 6	分类（在 CCL 中查询 ECCN 编码）	确定交易是否受 10 大一般禁止性规定的限制，包括对特定目的国的限制、对交易对象的限制、对最终用户用途的限制、对特定行为的限制等
	步骤 7	最终目的地国家	
	步骤 8	控制原因和商业国家列表	
	步骤 9	含有美国原产物项的外国制造物项及最低成分含量规则	
	步骤 10	直接产品规则——一般禁止性规定 3	
	步骤 11	被拒绝出口特权的人	
	步骤 12	被禁止的最终用途和最终用户	
	步骤 13	禁运国家和特殊目的地	
	步骤 14	与出口和再出口无关的美国人的扩散活动	
	步骤 15	在途——船舶或飞机的托运人和经营人应审查一般禁止性规定 8（在途运输）	
	步骤 16	审查命令，条款和条件	
	步骤 17	查看客户了解指南和一般禁止性规定 10（明知违规的发生）	
	步骤 18	完成对一般禁止性规定的审查	
关于许可例外的操作步骤	步骤 19	确定一般禁止性规定的适用性	判断是否适用许可例外，以及最终决定是否需要申请许可
	步骤 20	适用于所有许可例外的限制	
	步骤 21	许可例外的条款和条件	
	步骤 22	许可例外范围	
	步骤 23	遵守所有条款和条件	
	步骤 24	许可要求	
	步骤 25	许可申请	
关于电子出口信息要求，目的地管制声明和记录的操作步骤	步骤 26	电子出口信息（EEI）归档要求	程序性要求
	步骤 27	目的地管制声明	
	步骤 28	保留记录	

EAR 另外提供了一个决策树说明上述步骤，如图 8-1 所示。

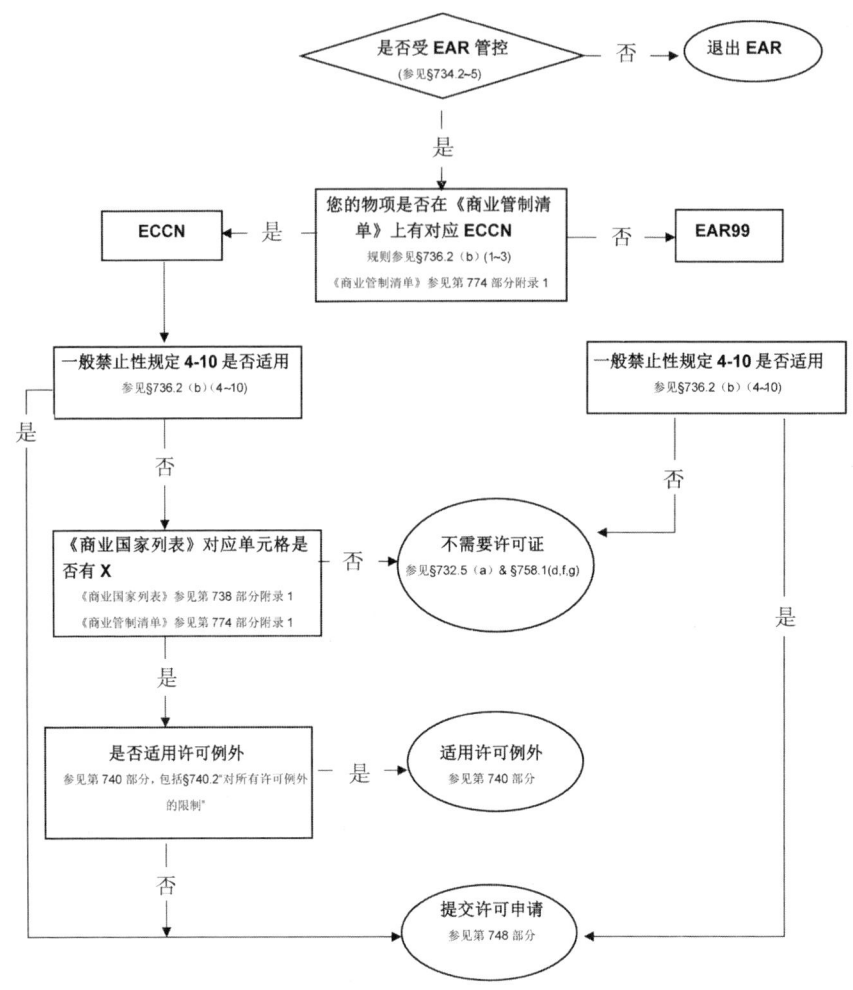

图 8-1　第 732 部分附录 1——出口管制决策流程

二是其修订的高频次。例如，美国商务部自 2020 年以来就针对中国进行了一系列的修订，包括取消民用许可例外，调整额外的许可例外 APR，针对中国、俄罗斯和委内瑞拉的军事最终用户和军事最终用途的制度修改，增加军事最终用户名单，制定限制交易涉军企业的证券的规则，将中国香港地区从 B 组国家/地区中移除，直接产品规则的接连两次修改等。而且，美国商务部还频繁增编管制的名单，不断修改增加管制的产品清单。

二、受管控物项和行为

（一）受管控的物项

1. 受管控物项概述。

从立法本意的角度，EAR 着重于对核、生化、电子设备等敏感物项和技术，即"军民两用物品/技术"的管制。在普遍的认识中，EAR 专门管控"军民两用产品"。对于"军民两用产品"，EAR §730.3 中的定义为：具有民用用途以及与恐怖主义和军事或大规模毁灭性武器有关的用途的产品。因此，有企业认为 EAR 仅管制具有军事应用潜力的特殊物品和技术。但是，这种认识是不准确的。事实上，EAR 并非仅管控军民两用物项，而是管控除依据 EAR §734.3（b）不受 EAR 管控的物项之外（公开发表的、出版的、开源的物项等），任何需要管控的、不受美国其他政府机构专属管控的物项。

EAR §734.3 对受 EAR 管控的物项进行了精确描述，受 EAR 管控的物项包括纯民用物品、军民两用物品以及不受《国际武器贸易条例》（ITAR）管控的专门用于军事应用的物品。基于 EAR §734.3 的具体描述，以下物项受 EAR 管控：

（1）位于美国境内的所有物项，包括在美国对外贸易区或途经美国的所有物项。

（2）所有原产于美国的物项（无论其位于世界何地）。

（3）包含受管控的美国原产商品的外国制造商品，与受管控的美国原产软件"捆绑"的外国制造商品，与受管控的美国原产软件混合的外国制造软件以及与受管控的美国原产技术混合的外国制造技术。

（4）美国原产技术或软件的某些特定的外国直接产品，"直接产品"是指通过使用技术或软件直接生产的直接产品。

（5）某物项由位于美国境外的工厂或工厂的主要组成部分生产，且该工厂或工厂的主要组成部分是美国原产技术或软件的直接产品。

对于受 EAR 管控的物项，大致可以参见图 8-2。

受 EAR 管控的物项	不受 EAR 管控的物项
• 位于美国境内（包括自贸区内以及中转）的产品 • 原产于美国的产品，无论位于何处 • 非美国原产但含"美国成分"的"外国产品"（混合产品） • 利用美国技术或软件直接生产的特定产品（直接产品） • 由美国境外工厂生产的特定产品，但该工厂或工厂的主要设备源自美国技术或软件（直接产品）	• 其他联邦部门或机构专属管辖的物项 • 公开可获取的信息及软件（加密技术除外），包括已经出版的信息和软件、基础性研究，教育信息，专利信息 • 文字出版物，如报刊或文学作品等

图 8-2　受 EAR 管控的物项情况

为协助企业判断自己的产品是否受 EAR 管控，EAR 里专门提供了一个"是否受 EAR 管控"的决策树，如图 8-3 所示。

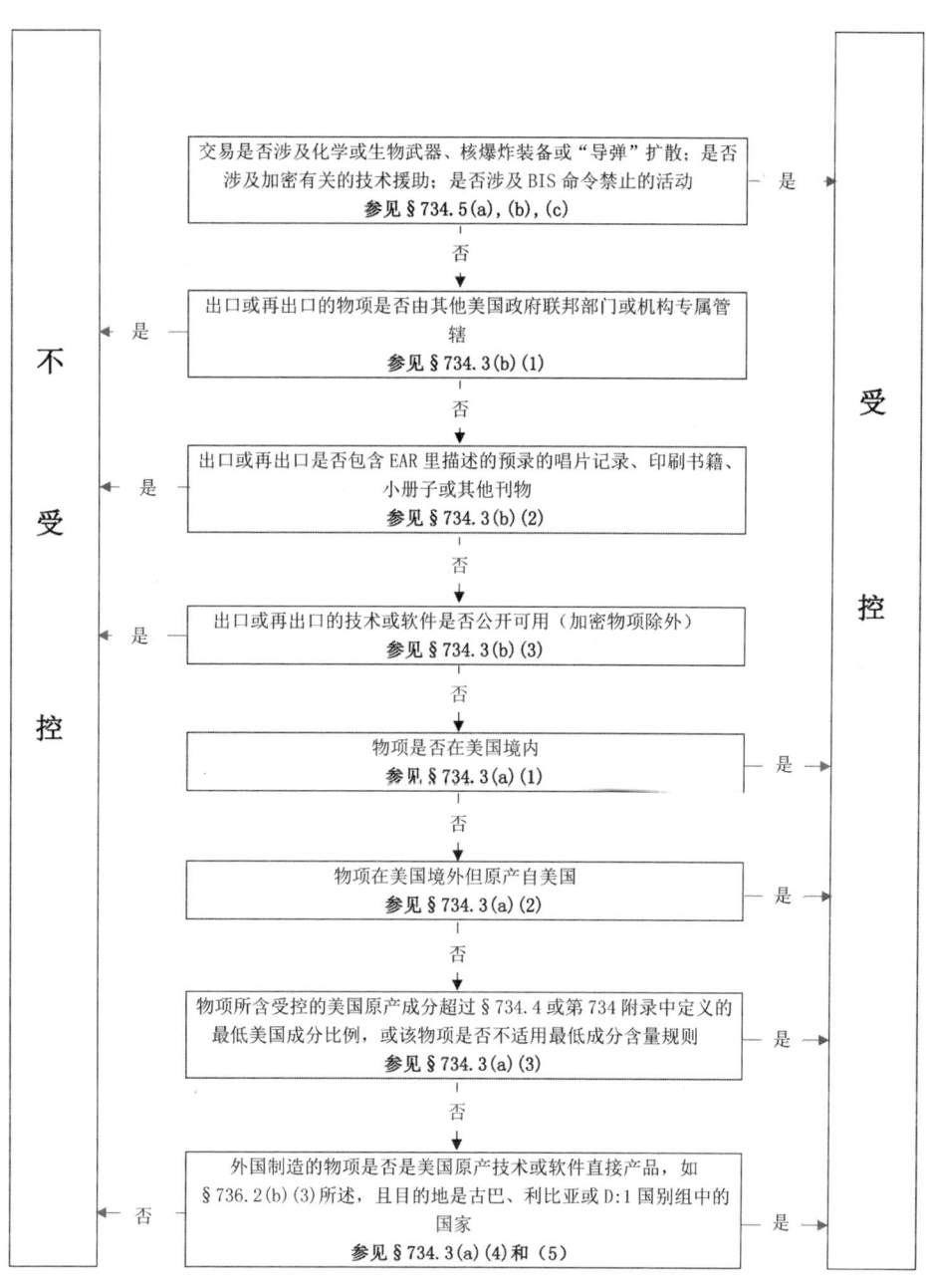

图 8-3 第 732 部分附录 2——是否受 EAR 管控

2. 商业管制清单。

BIS 在 EAR 中制定和维护一个《商业管制清单》（Commerce Control List，CCL），列出重点要管制的物项，每一物项赋予一个管制物分类号（Export Control Classification Numbers，ECCN）。CCL 的结构主要包括受控物项的标题、管制原因、许可例外、物项的具体特征和参数的描述等内容。通过 CCL 可以查询具体产品的 ECCN 编码，并确定其管制原因，进一步结合"商业国家列表"以确定相关商品是否需要许可证才能销往世界任何国家（地区）。未列入 CCL 的产品，则统一归入一个 EAR99 的编码，适用相对宽松的管控，除了出口给特定的受限制对象或出口到特定国家（地区），都不需要许可证。

CCL 中的产品，共有分为 10 个类目，如表 8-2 所示。

表 8-2　CCL 中的 10 个类目

英文名称	中文名称
0——Nuclear Materials，Facilities and Equipment and Miscellaneous	0——核材料、设施和设备及杂项
1——Materials，Chemicals，"Microorganisms"，and Toxins	1——材料、化学品、"微生物"和毒素
2——Materials Processing	2——材料加工
3——Electronics	3——电子
4——Computers	4——计算机
5——Telecommunications and Information Security	5——电信和信息安全
6——Lasers and Sensors	6——激光和传感器
7——Navigation and Avionics	7——导航和航空电子设备
8——Marine	8——航海/海事
9——Aerospace and Propulsion	9——航天和推进

每个类目中，物项都是按组排列的。每个类目包含相同的 5 个组。每个组

由字母 A 到 E 标识，如下所示：

A——设备，组件和部件；

B——测试，检验和生产设备；

C——材料；

D——软件；

E——技术。

在每个组中，单个物项由出口管制分类号（ECCN）标识。每个编号由一组数字和一个字母组成。第一位数字标识该条目所属的一般类目（如 3A001，属于第 3 大类电子）。该第一位数字后的字母标识该物项在 5 个组中的哪个组下列出（如 3A001，是第 A 组设备，组件和部件）。第二个数字通过识别与条目中包含的物项相关的控制原因类型来区分各个条目。下面列出了与此第二位数字关联的"控制原因"：

0：国家安全的原因；

1：导弹技术的原因；

2：核不扩散的原因；

3：化学和生物武器的原因；

5：由商务部决定应确保国家安全或外交政策控制的物项；

6："600 系列"控制物项，瓦森纳安排军需品清单（WAML）或以前在美国军需品清单（USML）上的物项；

9：反恐、犯罪控制、区域稳定、供应短缺、联合国制裁等。

第二位或第三位数字用于区分多方面原因和单方面原因条目。以数字"9"作为第二位的条目将整个条目标识为出于单方面考虑而受到控制（如出于反恐原因为 2B991）。如果第三位数字为数字"9"，则是出于扩散方面的考虑，出于单方面的目的对该物项进行了控制（如 2A290 为出于核不扩散方面的考虑，出于单方面的目的控制）。

每个条目内的最后一位数字用于 ECCN 的顺序编号，以区分 CCL 上的条目。

针对具体物项的受控的原因，会在许可要求的段落里列出控制原因以及对应商业国家列表的相应栏目（如 CB 第 1 列）。以下是所有可能的控制原因：

AT：反恐；

CB：化学与生物武器；

CC：犯罪控制；

CW：《化学武器公约》①；

EI：加密物项；

FC：武器公约；

MT：导弹技术；

NS：国家安全；

NP：核不扩散；

RS：区域稳定性；

SS：供应短缺；

UN：联合国禁运；

SI：重要物项；

SL：窃听。

商业国家列表的表头列出每个适用的控制原因，包括栏目名称和栏目编号。这样可以与 CCL 上列出来的管制原因栏目进行交叉查验。

此外，CCL 中还会列出每一条目可能适用的许可例外，即满足某些条件后

---

① 《关于禁止发展、生产、储存和使用化学武器及销毁此种武器的公约》（Convention on the Prohibition of the Development, Produltion, Stockpiling and Use of Chemical Weapons and on Their Destruction），简称《化学武器公约》。

就不需要申请许可证的情形。对于许可例外，在后面的部分会作详细介绍。

CCL 页面示例见图 8-4。

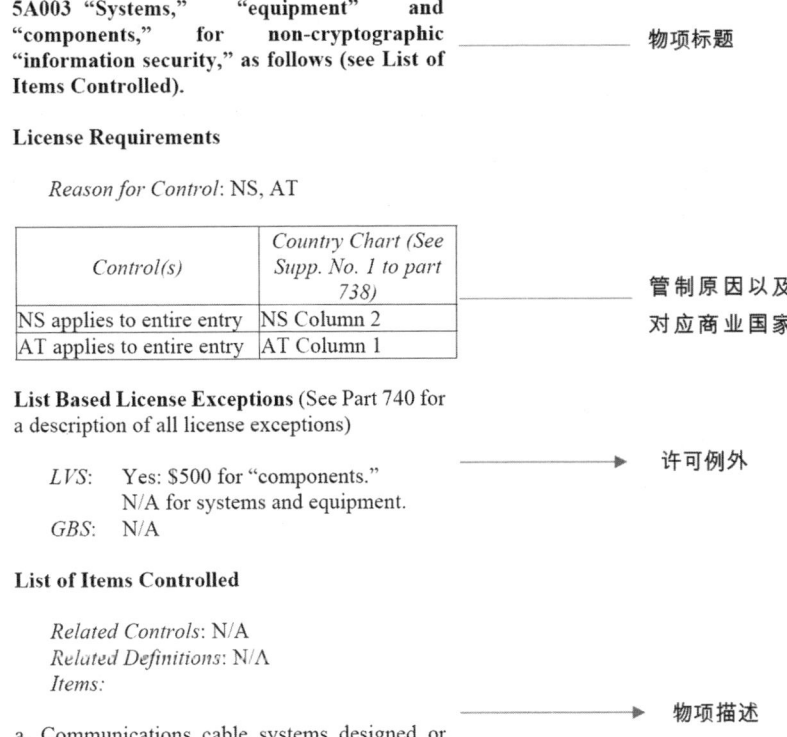

5A003 "Systems," "equipment" and "components," for non-cryptographic "information security," as follows (see List of Items Controlled).　　————————　物项标题

License Requirements

Reason for Control: NS, AT

Control(s)	Country Chart (See Supp. No. 1 to part 738)
NS applies to entire entry	NS Column 2
AT applies to entire entry	AT Column 1

————————　管制原因以及 对应商业国家

List Based License Exceptions (See Part 740 for a description of all license exceptions)

　LVS:　Yes: $500 for "components."
　　　　　N/A for systems and equipment.　　————▶　许可例外
　GBS:　N/A

List of Items Controlled

　Related Controls: N/A
　Related Definitions: N/Λ
　Items:

a. Communications cable systems designed or modified using mechanical, electrical or electronic means to detect surreptitious intrusion;　————▶　物项描述

图 8-4　CCL 页面示例

3. 混合产品。

混合产品是中国企业需要高度关注的一个概念，特别是有采购美国来源的零部件、原材料、软件和技术等并应用到自身产品中的企业，需要判断自身的产品是否受到了 EAR 的管控并注意产品销售的合规性。混合产品在 EAR 中的基本定义为：包含受管控的美国原产商品的外国制造商品，与受管控的美国原产软件"捆绑"的外国制造商品，与受管控的美国原产软件混合的外国制造软件以及与受管控的美国原产技术混合的外国制造技术，简言之就是含有美国成

分的国外产品。根据混合产品中美国成分比例，可划定为 3 个档次，如表 8-3 所示。

表 8-3 混合产品中美国成分比例的划分档次

比例	含有的美国成分	制成的外国产品	其他要求
0%	ECCN 3A001 项下美国原产半导体（存储器电路除外）	计算机调整后峰值性能超过 ECCN 4A003.b 中所列性能	至计算机第 3 级目的地
	ECCN 3A001 项下美国原产半导体（存储器电路除外）	计算机超过 ECCN 4A994.b 中所列性能	至古巴、伊朗、朝鲜、苏丹和叙利亚
	高速互联设备（ECCN 4A994.j）		
	包含 ECCN 5E002 项下的美国原产加密技术	外国生产的加密技术	不限
	ECCN 9E003.a.1 到 a.8 及 h、i 和 j 项下的美国原产技术	在国外重绘、使用、咨询或以其他方式混合	不限
	ECCN 0A919.a.1 项下商品	外国制造的"军事商品"	目的地是 D：5 组国家
	ECCN 9×515 或"600 系列"的 a 至 x 款中	不限	D：5 组国家
	美国原产 9×515 或"600 系列"y 物项	不限	E：1 或 E：2 组国家或中国
10%	适用于大多数 CCL 上的物项		E：1 或 E：2 组国家
	所有 CCL 上的物项，EAR99 物项（除某些食品药品外）		古巴、朝鲜和叙利亚
25%	多数 CCL 上的物项		E：1 或 E：2 组外的国家
	所有 CCL 上的物项，EAR99 物项（除某些食品、药品和软件外）		乌克兰克里米亚地区

注：需注意的是某些并入外国制造产品的美国加密和密码分析物项（5A002、5A004、5B002、5D002），在不符合特定要求的情况下，无法基于低于 10% 或低于 25% 的美国成分比例的原因排除 EAR 的管辖。

4. 直接产品。

直接产品同样是中国企业需要重视的一个概念，特别是有采购美国来源的软件和技术等并应用到自身产品中的设计和生产过程中的企业，需要判断自身的产品是否属于直接产品并受到了 EAR 的管控，因而要分析产品销售的合规性。直接产品在 EAR 中的基本定义为：通过使用美国原产的技术或软件直接生产的直接产品；或由位于美国境外的工厂或工厂的主要组成部分生产，且该工厂或工厂的主要组成部分是美国原产技术或软件的直接产品。

在 2020 年 BIS 对直接产品规则进行了两轮修订之后，形成了关于直接产品的确定和划分方式，如表 8-4 所示。

表 8-4　直接产品的确定和划分

类型	产品或编码	适用对象
一般直接产品	（1）涉及美国的技术或软件，其受控原因为国家安全； （2）该直接产品的受控原因也是国家安全	出口目的地国家组别为 D：1、E：1 或 E：2
	（1）源于"600 系列"或 9×515 技术或软件的物项； （2）该直接产品的编码也是"600 系列"或 9×515	（1）"600 系列"物项出口目的国组别为 D：1、D：3、D：4、D：5、E：1 或 E：2； （2）9×515 的物项出口目的国组别为 D：5、E：1 或 E：2
	ECCN 码为 0A919 的军转民物项；源于"600 系列"的美国的技术或软件	出口目的国组别为 D：1、D：3、D：4、D：5、E：1 或 E：2
特殊直接产品	产品是 CCL 中 ECCN 编码第 3、4 或 5 类下美国"技术"或"软件"的直接产品	实体清单脚注 1 的企业（目前只有华为系企业，后续可能增加）

（二）受管控的行为

在 EAR 的规则之下，受到管控的行为主要可以分为以下几大类：

1. 出口。

出口是指从美国实际装运或传输出去，包括以任何方式实际将物项向或从美国发送或运出物项或带出；也包括由美国境内的人转让航空器的注册、控制或所有权。

2. 再出口。

再出口是指将受 EAR 管控的物项从一个国家（地区）实际装运或运输到第三国（地区），包括以任何方式，将一个物项向或从这些国家（地区）发送或携带；也包括转让航空器的注册、控制或所有权。

3. 国内转让。

转让（国内）是指在同一国家（地区）内某一物项的最终用途或最终用户的变更。

4. 视同出口或再出口。

（1）向在美国境内的外国人披露或以其他方式转让技术或源代码（视同出口）。

（2）在美国境外，向第三国（地区）的外国人披露或以其他方式转让受 EAR 管控的技术或源代码（视同再出口）。

（3）通过目视或其他检验的方式，向外国人揭示受 EAR 管控的技术或源代码。

（4）与外国人在美国境内外进行技术或源代码的口头或书面交流。

（5）通过提供访问信息或其他方式导致技术或软件的披露。

上述行为与中国企业紧密度比较高的是再出口和国内转让。需要审查将受控物项再出口到第三国、在中国国内转让，是否受限或需要申请许可证。在需要许可证而没有申请许可，或者没有可以适用的许可例外的情况下开展出口或者转让交易属于违规行为。

三、禁止性规定

（一）10 大一般禁止性规定概述

EAR 第 736 部分规定了 10 个一般禁止性规定，描述了某些受 EAR 管控的，企业不能从事的出口、再出口和其他行为，除非获得了产业和安全局（BIS）的许可证或具备相应的许可例外条件。10 大一般禁止性规定是 EAR 的核心内容。大多数 EAR 所管控和限制的交易都规定在这一部分。10 大一般禁止性规定的名称列举如下：

一般禁止性规定 1：将管制物项出口和再出口到所列国家（出口和再出口）；

一般禁止性规定 2：从国外再出口或出口含有超过最低受控美国成分的外国制造物项（美国成分再出口）；

一般禁止性规定 3：特定"技术"和"软件"的外国直接产品（外国直接产品规则）；

一般禁止性规定 4（拒绝令）：从事拒绝令所禁止的行动；

一般禁止性规定 5：出口或再出口到受禁止的最终用途或最终用户（最终用途最终用户）；

一般禁止性规定 6：出口或再出口到禁运的目的地（禁运）；

一般禁止性规定 7：支持扩散活动（美国人扩散活动）；

一般禁止性规定 8：在途运输中要从船舶或飞机上卸下的货物和物品（在途）；

一般禁止性规定 9：违反任何命令、条款和条件（命令、条款和条件）；

一般禁止性规定 10：在知道已经发生或将要发生违规的情况下继续进行交

易（明知违规的发生）。

上述 10 大禁止性规定大致可以分为以下 4 种类别，如表 8-5 所示。

表 8-5　10 大禁止性规定的类别

类别	对应一般禁止性规定	其他说明
交易国别限制	一般禁止性规定 1：将管制物项出口和再出口到所列国家	通过 CCL 查询产品编码，确认管制原因，再到商业国家列表中查询销售目的国是否有同样的管制原因，进而确定是否需要许可证。另外还有一些特别的管制原因和目的地限制
	一般禁止性规定 2：从国外再出口或出口含有超过最低受控美国成分的外国制造物项	
	一般禁止性规定 3：特定"技术"和"软件"的外国直接产品	
	一般禁止性规定 6：出口或再出口到禁运的目的地	对古巴、伊朗、朝鲜、叙利亚、乌克兰克里米亚地区的制裁
		对俄罗斯工业部门的制裁
交易对象、最终用户限制	一般禁止性规定 4：从事拒绝令所禁止的行动	与被拒清单上的对象交易
	一般禁止性规定 5：出口或再出口到受禁止的最终用途或最终用户（最终用途最终用户）	与实体清单上的对象进行交易
		与未经核实清单上的对象进行交易
		与军事最终用户进行交易
		与受到制裁的对象进行交易
最终用途限制	一般禁止性规定 5：出口或再出口到受禁止的最终用途或最终用户	某些核最终用途、核爆炸用途、海上核推进用途
		某些火箭系统
		某些生化武器、导弹、军事最终用途
		某些外国船只或飞机

表8-5　续

类别	对应一般禁止性规定	其他说明
特定行为限制	一般禁止性规定4（拒绝令）：从事拒绝令所禁止的行动	
	一般禁止性规定7：支持扩散活动（美国人扩散活动）	
	一般禁止性规定8：在途运输中要从船舶或飞机上卸下的货物和物品	
	一般禁止性规定9：违反任何命令，条款和条件	
	一般禁止性规定10：在知道已经发生或将要发生违规的情况下继续进行交易	

其中，对于中国企业来说，尤为值得关注的是：

1. 交易国别限制：确定交易的产品是否属于受 EAR 管控的美国原产物项、直接产品、混合产品，进而基于商业国家列表确定向目的国的出口和再出口是否需要申请许可证，交易的目的国是否属于禁运的目的地。

2. 交易对象、最终用途和用户的限制：包括交易的对象是否属于实体清单、被拒清单、未经核实清单、受制裁对象、军事最终用途和军事最终用户。

（二）商业国家列表

商业国家列表是基于出口管制分类编号（ECCN）对应的管制原因，用以确定 CCL 上列出的大多数物项的出口和再出口许可证要求。需要注意的是，某些 ECCN 施加的许可证要求，会存在或者不参考商业国家列表上列出的控制原因代码，或者在这些控制原因之外附加设定了许可要求的情况。示例见表8-6。

表 8-6　商业国家列表示例

国家（地区）	生化武器			核不扩散		国家安全		导弹技术	地区稳定		武器公约	犯罪控制			反恐	
	CB 1	CB 2	CB 3	NP 1	NP 2	NS 1	NS 2	MT 1	RS 1	RS 2	FC 1	CC 1	CC 2	CC 3	AT 1	AT 2
阿富汗	X	X	X	X		X	X	X	X	X		X		X	X	X
阿尔巴尼亚	X	X		X		X	X	X	X			X			X	X
阿尔及利亚	X	X		X		X	X	X	X			X			X	X
安道尔	X	X		X		X	X	X	X			X			X	X
安哥拉	X	X		X		X	X	X	X			X			X	X
安提瓜和巴布达	X	X		X		X	X	X	X	X		X			X	X
阿根廷	X						X	X	X		X	X			X	X
亚美尼亚	X	X	X	X		X	X	X	X	X		X	X		X	X

注 1：向右侧延伸出的是水平标题，用于标识各种控制原因。在每个"控制原因"标题下，有 1~3 个列标识符，用于标识各个纵列。每个列标识符都包含两个字母"控制原因"和 1 个列号（如 CB 第 1 列）。

注 2：符号"×"用于标识商业国家列表上的许可要求。如果"×"出现在特定的单元格中，则受该特定的"控制/目的地原因"组合约束的业务需要许可证。

注 3：商业国家（地区）列表的第一纵列按字母顺序列出了国家。

使用 CCL 和商业国家（地区）列表判断是否需要许可证分为以下 3 个步骤。

第一步，确定拟交易产品的 ECCN 编码。

第二步，在 CCL 中确定拟交易产品适用的管制原因，以及在商业国家（地区）列表中的对应列编码。

第三步，在商业国家（地区）列表中找到管制原因所在列，出口目的国家（地区）所在的行，定位到交叉点的单元格。如果单元格中标记了"×"，则表明该交易需要申请许可证。如果没有标记，则不需要申请许可证。1 个物项可能对应多个管制原因，需要一一确认。

四、禁止、限制交易的对象清单

（一）实体清单

自 2018 年以来，中国企业、个人和组织频频被列入实体清单，其原因和影响值得深入了解。

1. 基本情况描述。

实体清单（Entity List）是美国《出口管理条例》中一个涉及交易实体的"黑名单"。由最终用户审查委员会（End-user Review Committee，ERC）负责更新与修改。该委员会由商务部、州、国防部、能源部和在适当情况下财政部的代表组成，并由商务部主持。新增企业、个人或者组织被列入实体清单中的决定需要委员会成员的多数决，而移除和修改决定则需要委员会的一致决。

BIS 将企业、个人或者组织列入实体清单的法律依据有 EAR 第 744 部分（基于最终用户和最终用途的管制政策）和第 746 部分（禁运和其他特殊管制）。

2. 企业为何会被列入实体清单。

当一个企业的某些行为，被美国 BIS 或 ERC 认为严重违反美国国家安全或外交政策利益，或者具有参与或可能参与行为的重大风险时，便可能会被列入实体清单。具体参见 EAR 第 744.11（b）条的规定，该条列举了 5 种行为：

（1）支持参加恐怖行动。

（2）提升了指定的支持国际恐怖主义的国家支持恐怖主义的军事能力。

（3）以违反美国国家安全或外交政策利益的方式，转让、开发、维修或生产常规武器等。

（4）谎报拟交易商品的最终用途，阻止 BIS 进行最终用途核查。

（5）有违反《出口管制条例》的风险，且 ERC 认为有必要采取事先许可审查的行为。

根据上述规定，企业是否该被列入实体清单，ERC 有非常大的自由裁量权。当 ERC 认为一个企业"可能/已经危害美国国家安全"时，即可将其列入。

3. 被列入实体清单的后果。

（1）一个企业被列入实体清单后，如果其他企业（不局限于美国企业）需要与其进行涉及《出口管制条例》所管控物项的交易时，需要向 BIS 申请许可（如中国企业与实体清单上的中国企业交易也需要申请许可）。

（2）针对的货物：所有 EAR 管控的物项，包括商业管制清单（CCL）上的所有产品，也包括受 EAR 管控但不需要许可证的物项（如 EAR99 标记的货物）；产品位于美国境内、原产于美国、非美国原产但含有"美国成分"（包括商品、软件、技术）且达到一定比例的"外国产品"；利用美国技术或软件生产的特定产品；由美国境外工厂生产，但该工厂或工厂的主要部件源自美国技术或软件等。

（3）针对的许可审查制度：根据被列入实体清单对应的国家安全和（或）外交政策考虑，对实体清单上的每个实体都会指定一项具体的许可要求。

大多数情况下，许可制度都是推定拒绝，这表明绝大部分的此类交易将会被禁止。少数情况下也会有一些特殊的制度，如表 8-7 所示。

表 8-7　实体清单中的许可制度

实体名称	许可制度
四川大学 电子科技大学 工程院 若干超算中心	个案审查制度（Case-by-case review）
北京航空制造技术研究院	对于 EAR99 项下的物品适用推定批准制度（Presumption of approval for EAR 99）；对于 CCL 清单上的所有物品适用个案审查制度（Case-by-case review for all items on the CCL）
包头光华化工公司 西北核技术研究所（NINTF）	根据 EAR 第 744.2 条就某些核用途的审查

表8-7　续

实体名称	许可制度
中国运载火箭技术学院（CALT） 北京自动化控制设备研究所 北京市动力机械研究所 北京航空航天大学 西北工业大学 北京航天自动控制研究所（BICD） 北京结构与环境工程研究所（BISE） 中国空气动力学研究与发展中心（CADC）	根据 EAR74 限制某些火箭系统（包括弹道导弹、空间运载火箭和探空火箭）和无人驾驶飞行器（包括巡航导弹、目标无人机和侦察无人机）的最终用途审核

（4）许可审查适用的交易范围：所有向实体清单中的企业的出口、转口或者转移 EAR 管制物项的交易，涉及实体清单中的企业的所有交易，包括该企业作为采购方、中间商、购买方或者最终用户的所有交易。

（5）许可豁免制度：通常实体清单上的企业不适用任何许可豁免制度（被列入实体清单上的企业关于许可例外的适用情况会在该企业被列入清单的裁定中一并写明）。

4. 需注意的事项。

对中国企业来说，针对实体清单问题，需要注意的事项有两个方面：一是避免开展导致被列入实体清单的行为；二是在进行受 EAR 管控的物项出口、再出口、国内转让等交易业务时，也需要审核交易对象是否属于实体清单，以避免交易违规。

（二）被拒清单

被拒清单（Denied Persons List）是指列有被拒绝给予出口特权的实体或个人的名单。

实体或个人被列入被拒清单的原因：违反 ECRA、IEEPA、ISA、AECA、EAR 中的管制规定。

被列入被拒清单的实体（或个人），将受到 EAR 比较全面的贸易管制的限制，具体包括以下两个方面。

一是被拒清单实体不能直接或间接以任何方式从美国出口任何受 EAR 管控的商品、软件或技术，或者从事任何受 EAR 管控的行为，包括但不限于：申请、取得或使用任何许可证、许可证例外情况或者出口管制文件；商谈有关下单、采购、接受、使用、出售、交付、存储、处置、承运、转移、融资或任何方式、任何交易涉及从美国出口受 EAR 管控的产品或从事任何受 EAR 管控的行为；美国出口任何受 EAR 管控的产品的任何交易中获利。

二是任何实体均不得直接或间接：向被拒清单实体出口或再出口或者代表该等实体出口、再出口受 EAR 管控的产品；采取任何行动，促使并购或拟并购被拒清单实体拥有的、占有的或控制的任何已从美国出口或将从美国出口的受 EAR 管控的产品，包括为该交易提供任何融资或其他支持；采取任何行动从被拒清单实体处获得，或协助从被拒清单实体处获得，或企图获得从美国出口的任何受 EAR 管控的产品；在美国从被拒清单实体处获得受 EAR 管控的任何产品，并知道或有理由知道该产品将或打算从美国出口；从事任何交易，为已从美国出口或将从美国出口的、由被拒清单实体所有的、占有的或控制的受 EAR 管控的产品提供服务；或者为被拒清单实体所有的、占有或控制的任何产品提供服务[1]，且若该等服务将涉及使用受 EAR 管控的产品的。

对中国企业来说，需要重点关注的是，在进行出口、再出口、国内转让等交易业务时，需要审核交易对象是否属于被拒清单，以避免交易违规。

（三）未经核实清单

1. 企业为何会被列入未经核实清单。

未经核实清单（Unverified List）也是美国《出口管理条例》中一个涉及交易实体的"黑名单"，但是与实体清单、被拒清单相比，属于管制严格程度较

---

[1]　此处的服务指安装、维护、修理、修改或测试。

轻的一个清单。根据 EAR 相关规定，实体被列入未经核实清单的原因并非直接违反了出口管制的法规，而是在 BIS 对相关受控物项的外国交易方进行许可前审查或者装运后核查的过程中，由于东道国政府、最终用户或收货人不予配合、配合不充分、无法取得联系等原因，导致 BIS 无法证实某一实体的最终用户和最终用途的合法性和可靠性，但此问题仍不足以或者未发现违法证据足以将该实体列入更严厉的实体清单，则将该实体列入未经核实清单。

2. 被列入未经核实清单会给实体带来的负面影响。

（1）向未经核实清单上的实体销售受到 EAR 管辖的物项、软件或者技术（受控美国物项）时，无法再适用许可例外。

（2）出口商在与未经核实清单上的个人或实体交易受 EAR 管辖但不需要许可证的物项（如 EAR99 的货物）时，也需要提交未经核实清单实体的声明。声明内容包括该物项的最终用途和最终用户，以及交易对方的联系方式及同意接受美国政府最终用途核查的承诺。需要特别注意的是，即使在中国境内向未经核实清单上的个人或实体转让 EAR99 物项，也同样需要向 BIS 提交声明。

（3）美国出口商如向未经核实清单中的实体出口 EAR 管制下的有形商品（Tangible thing），无论商品的最终目的地或者金额，都需要在自动出口系统（Automated Export System，AES）中事先进行电子出口信息（Electronic Export Information，EEI）的申报；需要申报的信息包括交易对方名称地址、货物的描述、金额数量、出口许可证号等。

3. 需注意的事项。

对中国企业来说，针对未经核实清单问题，需要注意以下 3 个方面：一是避免出现导致被列入未经核实清单的情形；二是万一被列入未经核实清单，积极与主管机构沟通、协调、解释，争取尽早被移出未经核实清单；三是在进行出口、再出口、国内转让等交易业务时，也需要审核交易对象是否属于未经核实清单，如果是，则要对交易进行尽职调查、合规分析，以避免交易违规。

（四）军事最终用户清单

EAR 第 744 部分，专门制定了一条对中国、俄罗斯或委内瑞拉某些"军事最终用途"或"军事最终用户"的限制（第 744.21 条）。根据这一规定，当特定受控物项出口、再出口到上述国家，或在其国内转让时，如果交易对象或最终用户是军事最终用户、或这一物项的最终用途是军事最终用途，则需要申请许可证。2020 年 4 月 28 日，BIS 对该部分的规定进行了修订，主要对中国增加了军事最终用途的限制，对军事最终用途的定义进行了扩大，增加了适用军事最终用途和用户限制的物项类别。具体情况如表 8-8 所示。

表 8-8　EAR 第 744 部分修改前后对比

项目	修改前	修改后
管制范围	中国：军事最终用途	均包括：军事最终用户、军事最终用途
	俄罗斯、委内瑞拉：军事最终用户、军事最终用途	
军事最终用途的定义	直接使用（武器和其他防御物项的零部件或子系统）和间接使用（用于武器设计和开发、测试、维修和保养）	扩大到"使用""开发"或"生产"的物项之外，进一步包括任何支持或有助于军事物项的操作、安装、维护、修理、翻新、开发或生产的物项
涉及物项	9×515 及"600 系列"y 物项，1A290，1C990，1C996，1D993，1D999，1E994，2A991，2B991，2B992，2B996，3A992.g，3A999.c，3E991，4A994，4D993，4D994，5A991，5D991，5E991，6A995，6C992，7A994，7B994，7D994，7E994，8A992，8D992，8E992，9A991，9D991，9E991	新增一系列编码，主要涉及材料加工、电子、电信、信息安全、传感器和激光以及推进类物项：2A290，2A291，2B999，2D290，3A991，3A992，3A999，3B991，3B992，3C992，3D991，5B991，5A992，5D992，6A991，6A996，9B990。扩大了 3A992，8A992，9A991 的物项范围
		将 9×515 及"600 系列"y 物项从 EAR 第 744.21 条中调整至 CCL 中，管制原因增设为"地区稳定"（Regional Stability，RS），中国即属于此项管制原因项下
许可审查制度	个案分析	推定拒绝

上述修改产生的影响如下：

第一，将中国的军事最终用户纳入管制范围，即便不是用于军事用途也受到严格限制；

第二，随着军事最终用途的定义的扩展，大范围增加了相关活动被认定为"军事最终用途"的可能性；

第三，涉及军民融合的中国公司，与国防部和军方存在合作的中国高校、科研机构可能被认为是军事最终用户；

第四，随着涉及物项的增加，即使是低级电子产品、大众市场加密硬件和软件，如果要运用于中国的军事最终用途或最终用户也受到严格限制；

第五，涉及军事最终用途或最终用户的情况，几乎无法拿到许可证；

第六，大幅增加中国企业和机构采购美国产品、零部件、软件和技术所面临的合规风险和合规成本。

2020年12月22日，BIS发布新规，在EAR中增列"军事最终用户"清单（the MEU List），并纳入第一批实体。其中包括中国企业58家，后续可能有更多中国企业还会被纳入此清单。与实体清单、被拒清单、未经核实清单不同，这份"军事最终用户"清单并非穷尽式的。也就是说，即便未被列入清单的企业仍有可能属于军事最终用户。对于中国企业来说，当向俄罗斯、委内瑞拉出口、再出口或在中国国内转让特定受EAR管控的物项，要确定交易对象/最终用户是否在上述名单中，即便不在上述名单中，仍然要进行军事最终用户和用途的详细尽职调查，避免出现违反相关规则交易的情况。

五、许可例外

（一）许可例外概述

如前文所述，很多涉及受EAR管控的物项的出口、再出口、国内转让的交易需要申请许可证才能进行。而"许可例外"则是针对这些原本需要许可证的交易的一种例外授权，允许符合特定条件的交易免除申请许可证的要求。适用许可例外的要求和基本条件如下：

1. 交易原本需要申请许可证，但是如果交易受一般禁止性规定 4、7、9 或 10 的约束，则没有可适用的许可例外。

2. 不存在 EAR 第 740.2 条中规定的针对所有许可例外的限制性条件。

3. 对于因一般禁止性规定 1~3 需要申请许可证的交易，交易的物项有适用的许可例外类型。

4. 交易满足对应许可例外所有条件要求。

5. 需要履行适用许可例外所要求的文件/电子申报、备案、声明、记录保存要求。

（二）许可例外分类

EAR 第 740 部分规定了 17 种许可例外，如表 8-9 所示，每种许可例外各有其适用条件。

表 8-9　EAR 第 740 部分的 17 种许可例外

序号	缩写	英文名称	中文名称
§ 740.3	LVS	Shipments of limited value	低值交易
§ 740.4	GBS	Shipments to Country Group B countries	运往 B 组国家
§ 740.6	TSR	Technology and software under restriction	受限的技术和软件
§ 740.7	APP	Computers	计算机
§ 740.9	TMP	Temporary imports, exports, reexports, and transfers (in-country)	临时进口、出口、再出口和转让（国内）
§ 740.10	RPL	License exception servicing and replacement of parts and equipment	设备与零部件的维修和更换

表8-9 续

序号	缩写	英文名称	中文名称
§740.11	GOV	Governments, international organizations, international inspections under the Chemical Weapons Convention, and the International Space Station	政府、国际组织、根据《化学武器公约》进行的国际检查以及国际空间站
§740.12	GFT	Gift parcels and humanitarian donations	礼物包裹和人道主义捐赠
§740.13	TSU	Technology and software—unrestricted	非受限的技术和软件
§740.14	BAG	Baggage	行李
§740.15	AVS	Aircraft, vessels and spacecraft	飞机、船只和航天器
§740.16	APR	Additional permissive reexports	额外的再出口许可
§740.17	ENC	Encryption commodities, software, and technology	加密商品、软件和技术
§740.18	AGR	Agricultural commodities	农产品
§740.19	CCD	Consumer communications devices	消费类通信设备
§740.20	STA	Strategic trade authorization	战略贸易授权
§740.21	SCP	Support for the Cuban People	对古巴人民的支持

此外，还有一些特殊的许可例外，如果交易受一般禁止性规定6禁运目的地的约束，则要查阅EAR第746部分的特殊规定，以确定是否有任何许可例外。对于CCL上列明适用供应短缺控制的特殊商品，其可能适用的许可例外，则要查阅EAR第754部分。如果出口或再出口受一般禁止性规定5约束，则要查阅EAR第744部分。受篇幅的限制，对此本章不再详述。

上述17类许可例外可大致分为以下几类，如表8-10所示。

表 8-10 17 类许可例外的分类

类别	缩写	中文名称	说明
适用于特定国家的许可例外	STA	战略贸易授权	向 A：5、A：6 组国家出口、再出口
	APR	额外的再出口许可	A 组国家
	LVS	低值交易	向 B 组国家出口、再出口
	GBS	运往 B 组国家	
	TSR	受限的技术和软件	
	AGR	农产品	向古巴出口、再出口
	CCD	消费类通讯设备	向古巴、苏丹出口、再出口
	SCP	对古巴人民的支持	向古巴出口、再出口
适用于特定种类技术和软件的许可例外	APP	计算机	计算机及组件和专用部件，以及相关技术和软件
	TSU	非受限的技术和软件	操作技术和软件、销售技术和软件、升级软件、大众市场软件等
	ENC	加密商品、软件和技术	ECCN 为 5A002 和 5B002 的系统、设备、商品和零部件，以及相等同或相关的软件和技术（被归类于 ECCN5D002 或者 5E002），以及归类为 ECCN 5A004、5D002 或者 5E002 的密码破译物项
适用于特定用途的许可例外	GOV	政府、国际组织、根据《化学武器公约》进行的国际检查以及国际空间站	
	GFT	礼物包裹和人道主义捐赠	
	BAG	行李	
	AVS	飞机、船只和航天器	
	TMP	临时进口、出口、再出口和转让（国内）	
	RPL	设备与零部件的维修和更换	

为区分不同交易发货地、目的地所能够适用的许可例外类型和条件，EAR 对全球主要国家（地区）进行了分组，分为 A、B、D、E 组：

A 组：特定的国际多边机制成员；

B 组：受限制较少的国家或地区；

D 组：有顾虑的国家或地区；

E 组：支持恐怖主义或单边禁运的国家或地区。

目前中国大陆（内地）被归在 D 组；中国香港地区原被归在 B 组，在 2020 年的规则修订中，被从 B 组里移出。

需要说明的是，2020 年 4 月 28 日，BIS 对许可例外规则进行了修订，删除了民用许可例外 CIV，调整了额外许可例外 APR，使得中国企业通过这两种许可例外获得美国相关受控物项的路径基本上被"封死"。

第二节　欧盟出口管制规则

一、欧盟的出口管制立法情况

欧盟的出口管制方面的立法，分为欧盟层面的立法以及各成员国的立法两个层级。欧盟层面的立法又分为欧盟条例（EC Regulation）和欧盟指令（EC Directive）两种类型。欧盟条例发布之后直接生效，无须经各成员国以国内法律法规形式落实措施，对于成员国还是当事人均具备法律约束力；欧盟指令发布后，需要成员国转化为国内法律法规以落实实施，才能对具体的当事人发生法律约束力。鉴于欧盟各成员国国内的法律繁多复杂，本节着重于介绍欧盟层面的立法。

欧盟涉及出口管制的条例主要有：

1. 2009 年 5 月 5 日，第 428/2009 号条例，《关于设立欧盟层面的两用物项出口、转让、经纪和过境管制制度》（以下简称《欧盟两用物项条例》）及随后的一系列修订和信息说明。

2. 2000 年 6 月 22 日，《关于与某些军事用途有关的技术服务的联合行动法案》（2000/401/CFSP）。

3. 2008 年 12 月 8 日，《关于军事技术与设备出口控制的共同规则》（2008/944/CFSP）。

4. 2005 年 6 月 27 日，第 1236/2005 号条例，《针对可用于死刑、酷刑或者其他残忍、不人道或侮辱性待遇或惩罚的某些商品的贸易的条例》及随后的一系列修订和信息说明。

5. 2001 年 12 月 27 日，第 2580/2001 号理事会条例，有关旨在打击恐怖主义，针对某些个人与实体实施具体限制措施。

6. 2020 年 12 月 7 日，第 1998/2020 号条例，关于对严重侵犯人权和虐待行为的限制性措施。

7. 2020 年 12 月 7 日，《关于对严重侵犯人权和虐待行为采取限制性措施的决议》（2020/1999/CFSP）。

此外，还有一系列针对具体国别（地区）、组织，如俄罗斯、白俄罗斯、伊朗、朝鲜、叙利亚、基地组织等的制裁和限制措施的条例。

其中，对于中国企业来说，最为值得关注的还是两用物项方面的出口管制规则，即欧盟理事会第 428/2009 号《欧盟两用物项条例》。

二、受管控物项和行为

（一）受管控的物项

上述条例法案大多都有配套的管制物项清单。如：

1. 《欧盟两用物项条例》附件 1 的"两用物项清单"。

2. 《关于军事技术与设备出口控制的共同规则》的"欧盟共同军事清单"。

3. 《针对可用于死刑、酷刑或者其他残忍、不人道或侮辱性待遇或惩罚的某些商品贸易的条例》附件2—4所列特定商品。

同样，"两用物项清单"仍然是最值得中国企业关注的物项清单。根据《欧盟两用物项条例》，所谓"两用物项"是指：含软件和技术在内的，可用于民用和军用双重目的的物项。包括可用于非爆炸性用途，但同时可在某种方面协助制造核武器或者其他核爆炸装置的各类货物。

由于同样基于《瓦森纳协定》[①] 的清单指定，与美国的商业管制清单（CCL）类似，欧盟的两用物项清单也分为10大类，具体见表8-11。

表8-11　欧盟两用物项清单类别

英文名称	中文名称
0—Nuclear Materials，Facilities and Equipment	0—核材料、设施和设备
1—Special Materials and Related Equipment	1—特殊材料和相关设备
2—Materials Processing	2—材料加工
3—Electronics	3—电子
4—Computers	4—计算机
5—Telecommunications and Information Security	5—电信和信息安全
6—Sensors and Lasers	6—传感器和激光
7—Navigation and Avionics	7—导航和航空电子设备
8—Marine	8—航海/海事
9—Aerospace and Propulsion	9—航天和推进

其物项编码形式也与CCL类似，由1组数字和1个字母组成（5位）。第一位数字代表物项所属的大类，第二位的字母代表产品所属的组别，也是分成

---

① 《关于常规武器和两用物品及技术出口控制的瓦森纳协定》（*The Wassenaar Arrangement on Export Controls for Conventional Arms and Dual-Use Good and Technologies*），简称《瓦森纳协定》，又称瓦森纳安排机制。

如下 5 个组别：

    A——系统，设备和部件；

    B——测试，检验和生产设备；

    C——材料；

    D——软件；

    E——技术。

需要注意的是，附录中未收录的某些两用物项也可能属于受控的范围，具体包括以下几种情形：

1. 相关项全部或者部分准备用于，或者可能准备用于与开发、生产、处理、操作、维护、存储、检测、识别或者散播化学、生物或者核武器或其他核爆炸装置有关的用途，或开发、生产、维护或者存储能够运载此类武器的导弹有关的用途。

2. 如果购买国（地区）或目的国（地区）处在欧盟理事会以共同立场或联合行动决定的武器禁运下，或处在欧洲安全和合作委员会决定的武器禁运下，或处在联合国安理会约束性决议实行的武器禁运下，且相关物项全部或者部分准备用于，或者可能准备用于军事最终用途的。

3. 相关项全部或者部分准备用作，或者可能准备用作国家军用物项清单收录的军用物项的部件或组件，且该军用物项未获授权或在违反该成员国（地区）法律规定的情况下已从该成员国（地区）领土上出口。

4. 成员国（地区）可处于公共安全理由或人权考虑，禁止附录一中未收录两用物项的出口，或要求其出口获得许可。

（二）受管控的行为

1. 出口。

（1）根据欧盟理事会 1992 年的第 2913/92 号条例《欧盟海关法》161 条的规定，出口是指欧盟的货物，被发往欧盟海关区域之外。

（2）除过境项之外，符合《欧盟海关法》第 182 条规定的再出口是指非欧盟货物，从欧盟区域内被发往欧盟海关区域之外。

（3）以含传真、电话、电子邮件或任何其他电子方式在内的电子媒介发送软件或技术到欧盟之外的目的地的情况，其中包括以电子方式向欧盟外的法人、自然人和合伙机构提供软件和技术。通过电话描述技术，也同样构成以口头发送的形式进行出口的行为。

2. 经纪服务。

（1）从第三国（地区）购买，向另一第三国（地区）销售或者供应两用物项开展谈判或安排交易。

（2）销售或者购买位于第三国（地区）的两用物项，并转让给另一第三国（地区）。

（3）仅提供辅助性服务不属于管控的范围。辅助性服务指运输服务、金融服务、保险或再保险服务，或者一般性的广告或推销服务。

3. 过境。

过境，是指将非欧盟原产的两用物项运输入并通过欧盟的海关区域，且目的地位于欧盟外。

4. 转让。

转让，是指两用物项在欧盟成员国之间的转让交易。

三、管制的方式

欧盟对两用物项的出口管制，主要是通过许可证限制。但是欧盟没有像美国那样设计非常复杂的管制原因、商业国家列表、一般禁止性规定等规则，其规则相对简单和直接，大致逻辑如下：

1. 默认的情况下，所有涉及两用物项清单内物项的相关交易都需要获得许可证。

2. 设定一般许可，允许某些特定范围内的物项，在符合相关条件的情况下，出口到某些特定国家（地区）的。

一般许可，分为欧盟颁布的一般许可和成员国颁布的一般许可。一般许可的内容通常包括许可的物项（以及无法适用该许可的物项）、许可的目的地（国家/地区）、许可的条件要求、许可的程序性要求，相当于是美国出口管制条例中的商业国家列表、许可例外、一般禁止性规定的综合体。

目前欧盟设定的一般许可有 6 项，见表 8-12。

表 8-12　欧盟一般许可表

附件名	序号	英文名称	中文名称
Annex IIa	EU001	Exports to Australia, Canada, Japan, New Zealand, Norway, Switzerland, including Liechtenstein, and United States of America	出口到澳大利亚、加拿大、日本、新西兰、挪威、瑞士（包括列支敦士登）和美国
Annex IIb	EU002	Exports of certain dual-use items to certain destinations	某些两用物项出口到某些目的地
Annex IIc	EU003	Export after repair/replacement	维修/更换后出口
Annex IId	EU004	Temporary export for exhibition or fair	展览或交易会临时出口
Annex IIe	EU005	Telecommunications	电信
Annex IIf	EU006	Chemicals	化学品

EU001 号许可相当于是针对欧盟的关系紧密的国家的一项涉及物项广泛的许可。EU003 和 EU004 是针对特定目的的许可。EU005 和 EU006 是针对特定

产品的许可。可以适用于中国的一般许可有 EU003、EU004 和 EU005。

成员国颁布的一般许可，是指某一个成员国基于本国立法指定的，适用于本国出口商的一般许可。成员国颁布的一般许可，不能涉及《欧盟两用物项条例》Annex Ⅱg 所列的产品。

对于不在一般许可允许的范围内，需要许可的交易，则由出口商向本国主管机构提交许可申请。可以申请获得特定出口许可（Individual Authorisation）或全球出口许可（Global Authorisation）。

成员国主管机构在审批是否发放许可时，应考虑的因素：成员国各自作为有关国际不扩散制度和出口管制安排或有关国际条约的成员所接受的义务和承诺；国家外交和安全政策；预期的最终用途和转移的风险等。

四、限制交易的对象清单

欧盟通过了一系列制裁措施，将一些个人、集团和实体列入制裁名单，采取资产冻结、限制入境、限制进出口等限制措施。相关企业可以在欧盟的制裁地图（www.sanctionsmap.eu）中查询欧盟各国政府的制裁、措施，以及各个国家的制裁、禁运名单。对受制裁、禁运国家（地区），受制裁实体和个人进行的相关交易，会影响出口管制许可证的获得。

五、受约束的主体和域外管辖权的情况

根据《欧盟两用物项条例》，受约束的主体主要是成员国居民（含自然人、法人或合伙）或在共同体成员国成立的法人或合伙，或者是在欧盟开展业务的自然人、法人或合伙。

约束的行为主要是从欧盟向外出口、过境、在欧盟开展的经纪业务、欧盟内部成员国之间的转让。

因此，欧盟的出口管制政策，对欧盟之外的主体约束有限，没有明确规定再出口、欧盟之外的转让，以及混合产品和直接产品等方面的限制。域外管辖

权效力要大大弱于美国的相关规定。

第三节　其他主要国家（地区）出口管制规则

除了美国和欧盟之外，全球很多国家和地区也制定了出口管制的法律，建立了相关制度。在具体规则设置的方式上，多数采用设定管制物项清单，针对不同的目的国设定不同程度限制，设定受限制的交易对象清单，设定许可条件限制，等等。其他几个主要国家的出口管制制度和措施见表8-13。

表8-13　其他几个主要出口管制制度和措施

国家	物项清单	针对不同的目的国（地区）限制	受限制的交易对象清单
日本	出口贸易管制令 附表1 出口贸易管制令 附表2 外汇令 附表	白色清单的国家（地区）可以进行一般概括申请；出口贸易令别表第4的国家（如朝鲜、伊朗、伊拉克）只能进行个别申请； 出口其他国家（地区）可根据情况进行特别一般概括申请或个别申请	外国使用者名单
韩国	两用物项管控清单	—	拒绝名单
澳大利亚	澳大利亚国防和战略物资清单	—	澳大利亚综合名单

表8-13　续

国家	物项清单	针对不同的 目的国（地区）限制	受限制的交易对象清单
加拿大	两用物项清单 军用物项清单 核不扩散清单 核相关的双重用途清单 其他物品和技术管制清单 导弹技术控制制度清单 化学和生物武器的不扩散清单 武器贸易条约	地区控制清单	加拿大综合自主制裁名单

需要说明的是，多数国家的出口管制制度，都没有类似美国出口管制政策的直接的域外效力，或者所谓的长臂管辖。

第四节　中国企业合规对策

一、对美国出口管制合规对策

如前文所述，为应对防范美国出口管制方面的合规风险，最有效的举措还是建立一套完善的合规管理体系。这样，一方面可以达到事前识别防范风险的目的，另一方面即使后续发生调查执法事件，也能起到降低事件严重程度减轻处罚的效果。OFAC 和 BIS 在执法过程中，均持续重点关注企业合规体系的有效性。对此，OFAC 和 BIS 分别发布了合规承诺框架或合规指引。其中，OFAC 的合规承诺框架包括管理层承诺、风险评估、内部控制、测试和审计以及培训 5 个方面。BIS 的合规指引另外增加了制定合规手册、全流程监控、记录保存以及问题报告和纠错 4 个方面的要求，共 9 大要点。

其中，管理层承诺是决定合规管理体系成功与否的一个关键性因素，具体包括企业高管已审阅并批准了该企业的合规管理体系并设置合规部门或专员；企业高管确保合规部门或专员拥有必要的权限和自主权，并建立向其直接汇报并定期开会的制度；企业高管确保合规部门或人员获得与公司整体风险状况相称的充足的资源和技术，如使用信息技术软件或系统。

在风险评估方面，应当全面而具体地考虑交易的各个环节以及与合规有关的所有要素，包括客户、供应链、中间商、最终用户和交易对象；公司提供的产品和服务；公司及其客户、供应链、中间商和交易对手方的地理位置；交易物项的最终用途、应用领域。另外，公司应以适当的方式和频率进行风险评估，并定期更新用以风险评估的资料和/或系统。

针对客户考察与了解的问题，BIS 提出了如下"警示红旗"，以分析客户是否存在计划进行非法转移的风险：

1. 客户或采购代理不愿提供有关产品最终用途的信息。

2. 产品的功能不符合买方的业务范围。例如，一家小面包房订购了几台复杂的激光器。

3. 订购的产品与产品所运送国家的技术水平不符。例如，在没有电子工业的国家（地区），半导体制造设备用处不大。

4. 客户几乎没有商业背景。

5. 通常需要融资才能购买的情况，客户会为非常昂贵的物项支付现金。

6. 客户不熟悉产品的性能特征，但仍然想要该产品。

7. 客户拒绝常规安装、培训或维护服务。

8. 交货日期含糊不清，或计划在偏远地区交货。

9. 货运代理公司被列为产品的最终目的地。

10. 产品和目的地的运输路线异常。

11. 包装与规定的运输方式或目的地不符。

12. 当被询问时，买方对所购买的产品是供国内使用，出口还是再出口而回避或不清楚。

13. 收到 9×515 或 "600 系列" 中最终产品的 "零件" 或 "部件" 订单。所请求的 "零件" 或 "部件" 可能有资格获得许可例外 STA，或者其他授权，或者涉及的国家可能不需要基于目的地的许可证。所请求的 "零件" 或 "部件" 足以服务较多项 9×515 或 "600 系列" 最终产品，而该国家没有这些类型的最终产品或数量较少。

14. 客户表明或与拟出口有关的事实表明，9×515 或 "600 系列" 物项可能再出口至国家组别清单中的 D：5 组国家（参见第 740 部分附录 1）。

此外，有关内部控制、合规手册、测试和审计、培训、全流程监控、记录保存、问题报告和纠错等方面的要求，也均对合规体系的有效性有着非常重要的意义。

从上述框架和指引可以看出，一套完善的合规体系包含的内容繁多复杂。其建设需要有一个过程，无法一蹴而就，特别是在合规团队/人员的配备方面以及管理架构的调整方面都非易事。与此同时，不同行业、类型、业务规模的企业，面临的合规风险等级也存在差异，在合规体系上未必都要 "求大" "求全"。基于实际风险状况，分轻重缓急，循序渐进地建立一套与公司业务性质和规模所匹配的合规体系是更为现实的选择。

对于大多数企业来说，最首要的工作是基于公司所处的行业，公司经营的产品，公司的销售市场和客户群体，公司的物料、技术和设备采购来源，公司的经营模式、销售渠道、运输途径和结算方式，对出口管制和经济制裁合规方面的风险点和风险等级进行分析，形成专项研究报告。在此基础上，有针对性地制定合规工作手册，将合规工作嵌入企业原有风控体系内。

二、对其他国家（地区）出口管制合规对策

针对其他国家（地区）的出口管制制度，中国企业主要需要从以下几个方面做好合规和应对工作。

1. 产品、原料、零部件依赖从这些国家采购的企业，要对自己所采购的物项的监管条件、是否需要许可、如何获得许可有着充分的了解，与出口商保持密切的沟通协调。如果产品采购需要许可证，须确保能够配合出口商稳定、稳妥地获得许可，对许可证获得的时间周期进行有序安排，避免因为无法获得许可证或者无法及时获得许可证，影响公司的生产经营计划。

对新纳入采购计划的物项提前进行监管条件的预调研，做好采购合规安排预案。

持续跟踪了解公司采购的物项的监管条件的变化情况，制定相应的预案措施以及替代采购方案。

2. 采购的限制清单上的物项，要充分了解针对其的最终用途的限制、转售的限制，避免将这些物项用于限制的用途，转售给受限制的第三方，转售到受限制的国家（地区），或者转售给第三方用于受限制的用途。虽然多数国家（地区）并没有强有力的域外管辖权，但若进口商（采购方）疏于遵守相关规则出现违规，可能导致供应商受到严厉处罚，由此严重影响采购方在业界的形象和信誉，导致无法进行后续的采购；有些国家（地区）也会把违规的国外采购商列入关注或者限制的名单，这也会导致后续的采购困难。因此，对采购自相关国家（地区）的限制清单上的物项，进行用途、处分和转售的合规管理也非常必要。

3. 出于遵守出口管制规则的目的，这些国家（地区）的出口商在出口前可能会要求进口商说明、证明最终用途，做出不得随意转卖处分或用于受限制用途的承诺书等法律文件。有的出口商还会提供限制转售的对象名单。这些合

规要求，也会作为货物或技术买卖合同中的重要内容。进口商违反相关承诺即构成违约，有可能承担严重的违约责任，损害与出口商的良好合作关系，影响后续的采购与合作。因此，对于这些合规承诺和合规约定条款，要充分地尊重和遵守，建立管理和保障制度，避免违约。